Klaus Bovers

Glücksorte in & um Rosenheim

Fahr hin und werd glücklich

Droste Verlag

Dieses Buch gehört

. . . .

. . . .

. . . .

Liebe Glücksuchende,

das Glück zu definieren ist nicht leicht, Orte dagegen lassen sich problemlos auf ihre Koordinaten festlegen. Diese waren mir für das Buch aber weniger wichtig, vielmehr wollte ich die Wirkung von Orten auf Stimmung, Laune, oder, wenn Sie so wollen, auf mögliche Glücksgefühle ergründen. Manche Orte wirken dabei wie Tankstellen, an denen sich eventuelle Stimmungstiefs ganz leicht wieder ausgleichen lassen, gerade in Rosenheim und drum herum gibt es von ihnen eine beachtliche Vielfalt. Jetzt könnte ich Beispiele als Appetithappen auf-führen, wie das die Werbung gerne macht, doch bei souveränen Reisenden wie Ihnen verfängt das ohnehin nicht; Sie wissen schließlich, was ein gutes Inhaltsverzeichnis wert ist. In dem habe ich achtzig glücksbringende Plätze aufgeführt, nur für den Anfang, weil ich sicher bin, dass Sie in dieser landschaftlich bezaubernden und kulturell weltoffenen Region selbst zum Glücksort-Finder werden möchten. Meine bescheidene Auswahl ist also als Anregung gedacht. Vielleicht schreiben Sie mir, was Sie entdeckt haben, das würde mich freuen!

Ihr Klaus Bovers

Deine Glücksorte ...

4

... noch mehr Glück für dich

Nahui in God's Nam!

Flussfahrt auf dem Wasserburger Inn

Breit, stark, kalt und grün und oft sehr unberechenbar, so kannten die Menschen den Inn seit Langem. Sein Tal war schon zur Römerzeit ein Einfallstor für Handel und Kultur aus dem Mittelmeerraum. Städte wie Innsbruck, Hall und Wasserburg entstanden an seinen Ufern, in Tirol und im Chiemgau florierte eine Schifffahrt, die Waren bis nach Wien transportierte. Die Städte gibt es noch, die Schifffahrt ist verschwunden, und der Inn ist berechenbar geworden. Kraftwerke haben ihn zum Stromlieferanten degradiert, allein im Chiemgau gibt es davon fünf, dafür hat sein Hochwasser den Schrecken verloren. Alles Vergangenheit, doch mit Nostalgie kann Gottfried Held gut umgehen.

Der Schiffsführer der Christine beobachtet an seinem Wasserburger Steg den Pegelstand genau, gerade jetzt am Wochenende halten die Tiroler Kraftwerke wieder das Wasser zurück, damit sie am Montag den Strombedarf decken können. Doch heute reicht's, und er legt ab, sobald die fröhliche Gruppe der Feuerwehrler aus Österreich an Bord ist. Sein Ausflugsschiff hat Gottfried Held vor 30 Jahren auf dem Bodensee entdeckt, es wurde in den 1950ern in Deggendorf an der Donau gebaut und macht einen grundsoliden Eindruck. Sogar ein richtiges Holz-Steuerrad gibt es, moderne Joysticks verachtet der Gottfried.

TIPP *Direkt am Brucktor liegt Gottfried Helds Töpferei, eine kreative Werkstatt, nicht verpassen!*

„Nahui in God's Nam!" So ging der Gruß der alten Innschiffer, wenn sie in der Früh stromab ablegten, und flott stromab geht's jetzt auch mit der Christine. Wasserburg bleibt zurück, die grünen Ufer ziehen vorbei, Kanuten grüßen, und die Stimmung wird zunehmend ausgelassen. Doch es hilft nichts, ab der Staustufe Teufelsbrück geht es zurück, langsam und bedächtig, gegen den Strom. Jetzt hat der Gottfried Zeit für einen Ratsch, das mag er, da kann er alles auspacken, was er über den Inn weiß. Um ihn herum die wissbegierigen Passagiere, Bierflaschen kreisen, und weil sein Papa gefragt hat, darf der zwölfjährige Alois endlich ans Steuer, stolz und glücklich!

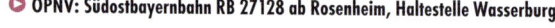

▶ **Innschifffahrt Wasserburg, Kellerstraße 4, 83512 Wasserburg**
www.heldwasserburg.de
▶ **ÖPNV: Südostbayernbahn RB 27128 ab Rosenheim, Haltestelle Wasserburg**

Einfach mal Zeit lassen

② *Der Gocklwirt am Simssee und seine Weltuhr*

Technische Erfindungen aus alten Zeiten haben für manche Menschen eine besondere Faszination. Gerade heute, wo die Technik rasant fortschreitet, aber rein äußerlich alles gleich ausschaut. In den Fünfzigerjahren war es dagegen üblich, gerade auf dem Land, „des oide Glump", seien es Maschinen oder ganze Höfe, als unmodern verschwinden zu lassen. Dem Geflügel-Farmer Anton Rietz war das damals zuwider und er begann das Sammeln von altem Hausrat, Maschinen und allem, was ihm aus dem bäuerlichen Umfeld als erhaltenswert unter die Augen kam. Der Anblick macht heute noch so manchen Gast glücklich, beim Gocklwirt in Baierbach.

„Das war dem Opa seine Leidenschaft", erzählt der Enkel und Wirt Wilhelm Huber, „die Oma dagegen wollte schon immer gerne Leute bewirten." Also eröffneten sie 1955 auf ihrem Hof eine kleine Gastronomie. Die wurde beliebt und wuchs sich rasch zu einer richtigen Wirtschaft aus; die Geflügelzucht gab der Opa auf, das Sammeln von Bauern-Raritäten ging aber erst richtig los. Heute macht gerade diese Mischung von gepflegter bayerischer Wirtschaft und dem Drumherum mit den vielen vergessenen Gerätschaften das besondere Flair des Gocklwirts aus.

TIPP Zum Simssee-Strandbad in Baierbach sind es nur 15 Minuten. Der Spaziergang lohnt sich!

Seine Hauptattraktion ist ein absolut sehenswertes Einzelstück: die Weltuhr des Josef Greß. Der Bauernsohn aus der Oberpfalz hat sie von 1879 bis 1881 konstruiert und gebaut, in völliger Abgeschiedenheit, der Legende nach sogar zeitweilig eingemauert, um nicht gestört zu werden. Fünf Meter breit, drei Meter hoch, 25 Zentner schwer und mit einem Innenleben von 470 Rädern und Gewichten zeigt sie mit 14 Zifferblättern und 50 Figuren Uhrzeiten, Tag, Monat, Jahreszahl, Schaltjahr, Sternzeichen, Sonnenstand, Mondphase und Jahreszeit an. Wie dieses Unikum zum Gocklwirt kam, ist eine andere Geschichte, die erzählt der Vater vom Wirt gerne, wenn er die Uhr vorführt. Mein Tipp: Erst die Uhr auf sich wirken lassen und sich dann fürs Essen viel Zeit nehmen.

○ **Gocklwirt am Weinberg, Weinbergstraße 9, 83071 Stephanskirchen**
www.gocklwirt.de

Weltuhr
Erbaut anno 1879–81
von Josef Sreß oberpfalz

So geht Chiemgau-Wellness

③ *Gasthaus zum Hirzinger in Söllhuben*

Am Ende eines herrlich langen Badetags am Simssee, vollgetankt mit Sonne und noch ohne große Lust auf den Heimweg nach Rosenheim, machten wir einen Schlenker durch den Chiemgau. Das Straßenschild zeigte bergauf nach Söllhuben, und da war er, direkt gegenüber der Kirche, ein Biergarten, unscheinbar, aber einladend. Ganz traditionell mit Kies und Kastanien-Schatten, und das Bairisch der Bedienung war so richtig kernig. Im Hintergrund rumpelte die hölzerne Kegelbahn.

Von dem Tag an wurde der Hirzinger unser Ziel, immer wenn Alltag oder Stress Entspannung forderten. Seine besondere Chiemgau-Wellness wirkt bis heute zuverlässig. Dazu gehört: das spezielle Weißbier aus der Bügelflasche (schon das Geräusch beim Öffnen macht glücklich!), dann die stimmige Wirtshausküche und, wenn es wegen des Wetters mal drinnen sein muss, auch die über 100 Jahre alte Wirtsstube mit den engen Bänken. Es scheint, dass die Leute früher kleiner waren.

Von unserem Stammplatz im Biergarten, auf halber Höhe am bewachsenen Zaun, haben wir Sicht in die Küche und vor allem auf den Garteneingang am Hauseck. Hier kommt das Publikum auf jeden Fall durch, und man will sich doch nichts entgehen lassen!

TIPP *Als Dorfkirche ein Ereignis: St. Rupert, gleich gegenüber, erbaut von Johann Michael Fischer!*

Für die Söllhubener ist der Hirzinger, erstmals erwähnt 1477, ganz einfach nur ihr Dorfbräu. Bei allen anderen Gästen, einschließlich der zugereisten Trachtenanzüge, bewirkt seine echte und nicht aufpolierte Tradition einen spürbaren Respekt. Beim Hirzinger sitzt Altbayern unsichtbar mit am Tisch, auch seine Präsenz im Fernsehen, für manche Gäste ein Anziehungspunkt, ändert daran nichts. Aus dem Hirzinger-Stadl überträgt nämlich das Bayerische Fernsehen seit 2007 die „Wirtshausmusikanten", ein Treffen von Musikgruppen aller bayerischen und alpinen Stilrichtungen und Regionen. Das Gegenteil vom Musikantenstadl, die Chiemgauer und Rosenheimer sind auch ohne Schunkeln glücklich.

Hirzinger-Gasthof zur Post, Endorfer Straße 13, 83083 Riedering/Söllhuben
www.hirzinger.eu
ÖPNV: Bus 9496, Haltestelle Söllhuben

12

Eine Familie macht Theater

4 *Das Himmegugga-Theaterzelt in Riedering*

Am Rand des Simssees macht die Familie Ringsgwandl Theater. Das tun viele in Bayern, Volksschauspiel ist Tradition, aber niemand macht das so wie die „Himmegugga"! So heißt seit 2006 ihr berühmtes Theaterstück, und so nennen viele die gesamte Ringsgwandl-Truppe, selbst wenn die inzwischen schon das vierte Stück spielt und das fünfte demnächst Premiere hat. Alle verbunden mit einem Ort, der völlig aus dem Rahmen fällt und mit dem Klischee Volkstheater wenig zu tun hat: Mitten im Grünen steht ein viermastiges Zirkuszelt mit 600 Quadratmetern Grundfläche und zwei Bühnen, das Foyer ist wie eine Mischung aus Saloon und Szenekneipe, mit Livemusik in den Pausen, einem Biergarten und insgesamt einer Atmosphäre, die einfach nur glücklich macht.

Vorausgesetzt, man hat rechtzeitig reserviert, denn alle Stücke sind ständig für Wochen ausverkauft! Den Klassiker „Himmegugga" – heißt auf Preußisch so viel wie Himmelsbeobachter – haben inzwischen rund 150.000 Besucher gesehen, in weit über 1300 Aufführungen. Laut Gästebuch gibt es Fans, die schon mehr als zehnmal dabei waren und sich immer wieder an den irren Details von Text, Ton und Bühnenbild begeistern. Bei den übrigen Stücken ist es nicht anders.

Was ist das für eine Familie, und was bitte ist das für ein Theater? Das erklärt sich ganz einfach durch die gemeinsame Chefin: Elfriede Ringsgwandl. Klein, bayerisch, energiegeladen und ohne Ende kreativ! Alle fünf Stücke ihres Theaters hat sie selbst geschrieben, inszeniert, und für die Regie ist sie ohnehin geboren. Ihren Theatervirus überträgt sie seit Jahren auf eine begeisterte Truppe von rund 70 Leuten, sehr viele aus den vier Generationen ihrer eigenen Großfamilie und alle aus dem Ort. Der Schauplatz macht gute Laune, die Stücke haben eine „hinterkünftige" Botschaft, auf den Tribünen-Bänken hockt ein fröhliches Publikum aus ganz Bayern bis zum Abschiedsgruß der Chefin: „Mir spuin, bis koaner mehr kimmt!" Wer den glücklichen Applaus erlebt, weiß: Das wird noch dauern!

● Himmegugga-Theaterzelt, Tinninger Straße 50, 83083 Riedering
https://e-und-e-ringsgwandl.de

Heiß und heilsam

5 *Die Chiemgau-Thermen in Bad Endorf*

Nach Bodenschätzen zu bohren ist auch in modernen Zeiten oft reine Glückssache. Am südwestlichen Rand der Gemeinde Endorf, mit Blick auf den Simssee, war der Freistaat Bayern 1963 auf der Suche nach dem schwarzen Gold. Statt Erdöl fand man zur allgemeinen Verblüffung aber nur heißes Wasser, das Glück war deshalb auf Seiten der Gemeinde. Aus 5000 Metern Tiefe trat mit gewaltigem Druck und 115 Grad heiß eine der stärksten Jod-Thermalquellen Europas zutage. Als der Freistaat sich schmollend zurückzog, blieben die glücklichen Endorfer mit ihrem Heilwasser-Schatz erst einmal alleine.

Der Anfang war bescheiden, mehr als ein Jodbadeverein mit Versuchsbad und ein paar Wannen traute man sich nicht. Bald aber folgte die Gründung der Jod-Thermalbad-Endorf-AG, die für Kurmittelhaus und Kurklinik sorgte. Dann kam die Anerkennung als Heilquelle, und aus dem Markt Endorf wurde 1987 der Kurort Bad Endorf. Doch wie so oft, wenn plötzlich das große Geld im Spiel ist, wurde es in der kleinen Gemeinde kompliziert. Neid, Missgunst, politische Konkurrenz, man kennt solche dramatischen Zuspitzungen aus dem Bauerntheater. Das Stück ging gut aus, die Therme wurde nicht geschlossen, und Bad Endorf wirbt inzwischen stolz und zu Recht für seine Chiemgau-Thermen.

TIPP *Bad Endorfer Abendprogramm? Marias Kino ist Kult, für Cineasten und Kino-Nostalgiker.*

Diese sind heute mit allem ausgestattet, was man erwartet: Freibadeanlage, Sauna, Gastronomie, Liegewiese mit Panoramablick und zum großen Glück für alle: Überschaubarkeit! Ehrgeizige Ausbaupläne wird es hier nicht mehr geben, das spürt der Besucher. Wenn die Römer, die historisch verbürgten Thermen-Erfinder, vom Schatz in der Tiefe hätten profitieren können, dann hätten sie sich genau hier eine ihrer schönsten Thermen gebaut. Völlig entspannt hätten sie im 35 Grad warmen Wasser gelegen, über den grünen Hang Richtung Süden zum Simssee und Wendelstein geschaut und den Sonnenuntergang genossen. Wohlfühlen wie die alten Römer, das kann auch heute glücklich machen.

Chiemgau-Thermen, Ströbinger Straße 18, 83093 Bad Endorf
www.chiemgau-thermen.de
ÖPNV: mit dem Meridian (Zugverbindung München–Rosenheim–Salzburg) bis Bahnhof Bad Endorf, von dort ca. 10 Minuten Fußweg

Mit dem Gemüse auf Du

6 *Solidarische Landwirtschaft bei Bad Endorf*

Auf dem Parkplatz vor dem großen Gewächshaus parken kaum Autos, dafür jede Menge Fahrräder, mit und ohne Anhänger. Es ist Erntedankfest bei der Jolling e.G., Familien mit Kind und Kegel sind zu Besuch, man kennt sich, und die Stimmung ist locker. Hier soll es besonders gutes Biogemüse geben, das wollten wir prüfen und merken dabei schnell, dass es in Jolling offenbar um mehr geht. Info- und Verkaufsstände, Ausstellung von Selbstgemachtem, Besucher dürfen Kraut hobeln lernen, am Gemüsegrill bildet sich die erste Schlange, und in Gesprächsgrüppchen tauschen Genossen Erfahrungen aus.

Seit 2018 ist die Jolling e.G., früher als „Solawi" bekannt, nämlich eine Genossenschaft, auch wenn ihre Mitglieder schon seit 2015 mit saisonalem, biodynamischem Gemüse richtig Ernst machen. Ernten können sie es einmal wöchentlich ganz frisch als eigenen Ernteanteil, aber auch als Abholer in solidarischen Gärtnereien, kaum weniger frisch. So ein Ernteanteil, versichert Vorstand und Gemüsegärtner Johannes Schindhelm, reicht bei vier Personen für eine Woche. Und das für einen moderaten Monatsbeitrag, der für die Mitglieder aber eher Nebensache sei, für sie würden andere Motive zählen, weiß Johannes. Vertraut mit solchen Besucherfragen, zählt er auf:

Anbau nach Demeter-Richtlinien, so gut wie keine Transportwege, kein Verpackungsmüll, die Wertschöpfung bleibt in der Region, Zwischenhandel und Bürokratie sind gleich null. Nichts wird aussortiert, weil krumm oder schief, und die Anbaumethode nennt der Gärtner „enkeltauglich". Selbst die Bedingung, dass alle Mitglieder das Ernterisiko mittragen, schreckt nicht ab. Weil alles transparent geregelt ist, lernt jeder dazu und versteht mit einem Mal, wie Landwirtschaft wirklich geht. Dazu gehört auch die Winterpause ab Januar, eine Zeit für Rezept-Austausch oder auch mal eine Weinverkostung von italienischen Biowinzern. Bis dann im „Märzen der Bauer" wieder die Mitglieder einspannt. Denn wer mag, darf jederzeit richtig mit Hand anlegen.

Jolling e.G., Jolling 14, 83093 Bad Endorf
www.jolling.de
ÖPNV: Bus 9414, Haltestelle Gewerbegebiet

Zuerst war's ein Hobby ...

7 *Dirndl-Maßschneiderei Herz'Sach in Rohrdorf*

Angefangen hat alles mit der Oma von Lena, als die ihrer Enkelin und deren Freundin Lisa ein Dirndl genäht hat. Jeweils eines nach der Tradition, denn die Oma war Dirndl-Schneiderin im Chiemgau und die Freundinnen sollten ja „was gleich schaun", also fesch aussehen. Die beiden erinnern sich noch gut daran. Als Nachbarskinder sind sie auf dem Dorf aufgewachsen, haben zusammen Fußball gespielt und sind bis heute beste Freundinnen. Lena hat später Textilmanagement studiert, und bei Lisa war es eine Ausbildung im Sportfachhandel. „Schneidern war erst mal nur ein Hobby", sagt Lena – jedoch eines, in dem sie beide richtig gut waren. Zur Aufbesserung ihrer Urlaubskasse haben sie irgendwann ein paar selbst geschneiderte Dirndl online zum Verkauf angeboten. Die gingen dann so blitzartig weg und zogen sofort Aufträge nach sich, dass aus dem Urlaub fast nichts geworden wäre. Der Grund: Ihre Dirndl hatten zwar den alten klassischen Schnitt, waren aber in Stoff, Farben und Details bezaubernd anders.

Statt Online-Geschäft haben sie seit fünf Jahren eine Maßschneiderei mit Laden, der bei Stammkundinnen aus der ganzen Republik als Glücksort gilt. Auch, weil die „Traumdirndl", wie ihre Kreationen gerne genannt werden, als Einzelstücke häufig auf Hochzeiten und anderen großen Festen Aufsehen erregen. In dieser Beziehung sind Lena und Lisa konsequent. „Bei uns gibt es kein Dirndl zweimal", sagt Lena, und Lisa erwähnt nebenbei ein paar Grundsätze: „Bei uns geht auch nichts raus, was kürzer ist als bis zum Knie." Freilich sind sie offen auch für ausgefallene Wünsche, doch „an unseren Stil wollen wir uns schon halten. Das ist Herzenssache".

TIPP Spontanbesuche nur am Freitag und Samstag, an den anderen Wochentagen wird Maß genommen und beraten.

Zu dem gehört auch, dass sie ihre eigenen Models sind, mit viel Begeisterung, das sieht man auf den Fotos der Website. „Das sind sie ja wirklich!", freut sich die Kundin aus Düsseldorf, die sie zum ersten Mal im Original sieht. Derweil geht die männliche Begleitung durch den Laden, prüft Stoffe und nickt anerkennend: „Wirklich was Besonderes!"

🔴 **Herz'Sach Dirndl, Rosenheimer Straße 45, 83101 Rohrdorf**
www.herzsach.de
🔴 **ÖPNV: Bus 9494, Haltestelle Thansau/Wegscheid**

Glücks-Stoff Schokolade

8 *Dengels Schokoladen-Manufaktur in Rott am Inn*

Schokolade macht glücklich! Klingt wie ein PR-Spruch, ist aber auch eine Erfahrung, die wir alle schon gemacht haben. Uwe Dengel ist sie zum Lebensinhalt geworden. Seine Familie hatte einen Steinmetz-Betrieb im Weiler Zainach bei Rott am Inn, doch weil ihn Schokolade schon immer faszinierte, wurde er Konditor. Die beiden Härtegrade haben sich wohl vertragen, denn in der Firmenchronik heißt es recht familiär: „Angefangen hat alles in der elterlichen Wohnung auf nur 9 qm. Dort wurden die ersten Schokoladentafeln und Pralinen hergestellt." Heute sind es ein paar Quadratmeter mehr. Nicht weit von seinen Anfängen steht Uwe Dengels stolze Manufaktur, zweistöckig und „mitten auf der grünen Wiese", mit 3200 Quadratmetern einer dieser bayerischen Gewerbebetriebe, die beim flüchtigen Vorbeifahren auch als großer, neuer Bauernhof durchgehen könnten.

Und wozu der große Parkplatz? Weil Genießer von überallher seit Jahren genau hier ihren Glücksort anfahren! Uwe Dengel hat sich immer schon gerne zuschauen lassen beim Schokolademachen, wofür er heute seine 120 Mitarbeiterinnen hat. Die sind geführte Besucher in Schutzkleidung gewohnt und gehen weiter konzentriert ihrer Arbeit nach. „Zu 70 % Handarbeit!", wie uns die Führerin stolz erklärt. Auch sonst erfahren wir alles über Schokolade, vom Ursprung über die Rohstoffe bis zu den rund 3000 Produkten beim Dengel, über deren Bioanteil und den Verzicht auf Konservierungsstoffe. Der Chef ist nebenbei einer, der viele seiner Kakaopflanzer in Kolumbien persönlich kennt, weil für ihn nur Direktbezug infrage kommt. Was auch für den Rohrzucker und die Milch gilt, denn mehr braucht eine gute Schokolade bekanntlich nicht. Bei der Dengel-Führung dürfen Besucher natürlich ausgiebig testen und verkosten, danach sind alle glücklich und guter Laune. Genau richtig gestimmt, um vor der Heimfahrt nebenan die Confiserie zu stürmen, in der vieles von dem vorher Gesehenen kunstvoll verpackt auf die Einkaufstaschen wartet. Schokolade als Mitbringsel passt immer.

● ●

◗ Confiserie Dengel, Am Eckfeld 18, 83543 Rott am Inn
www.confiserie-dengel.de
◗ ÖPNV: Bus 9416, Haltestelle Alpma

Hüftgold

Hüftgold

"Hüftgold" mit
200 gr. Pralinen
21.90 €

Cappuccino

Minze

Minze

Cappuccino

Genießer
Schokoladen
Mischung

Aufgeblüht am Samerberg

9 *Wie der Gasthof Alpenrose zu neuen Gästen kam*

„Unser Platz ist bestimmt noch älter, als man bisher weiß", meint der Wirt Florian Lerche und deutet auf die Kirche gleich nebenan. Nur ein paar Schritte durch seinen Biergarten geht es bis zur Treppe und hinauf zum Eingang von St. Ägidius und Nikolaus, erbaut im 13. Jahrhundert. „Wer damals hier als Maurer dabei war, musste ja irgendwo einkehren. Warum nicht bei einem Vorläufer von uns?" Der Platz hätte gut gepasst, denn auch heute noch hat die direkte Nachbarschaft von Kirche und Wirt am gemeinsamen Hügel etwas Anheimelndes.

Bis 2004 war die Alpenrose noch ein normales Dorfgasthaus, mit Stammtisch, Schafkopfrunde und Kegelbahn. In dem Jahr hat Florian als Nachfolger in der fünften Generation seine Kochlehre in der Steiermark beendet, wo er ganz nebenbei gelernt hat, welchen Wert regionale Produkte haben und wie man traditionell nach der Saison kocht. Genau das gehört in der Alpenrose seitdem zum Konzept. „Was jetzt gerade überall der Hype ist, das haben wir schon vor 15 Jahren gemacht", betont Florian stolz. „Und ich probier halt gerne Sachen aus, wo ich denke, das könnte gut passen." Das Ergebnis nennt er „bayerisch-steirisch verfeinert", Tradition statt Exotik – und genau das hat ihm wohl eine Empfehlung im Guide Michelin eingebracht.

Bei seinem Neuanfang haben die Samerberger erst einmal gezögert: „Kann man da noch hingehen?" Heute ist Florian stolz darauf, dass es längst wieder einen Stammtisch gibt und eine Schafkopfrunde. „‚Probiert's es, dann gspürt's es‘, habe ich ihnen gesagt, denn überzeugen kannst du am besten mit Qualität." Das sehen die neuen internationalen Gäste genauso, die Tische im Biergarten, der gemütlichen Stube und auf der Dachterrasse sind immer gut vorbestellt. Da sieht man auch schon mal Promis bei den Stammtischlern. Sein größtes Lob? „Dass ich die Dampfnudeln so gut hinkriege wie bisher die Oma!" Es gibt sie jeden zweiten Freitag, eine gute Tradition, genau wie der beglückende Apfelstrudel.

- -

Gasthof Alpenrose, Kirchplatz 2, 83122 Samberberg-Grainbach
www.alpenrose-samerberg.de
ÖPNV: Bus 9493, Haltestelle Grainbach

24

Vielen Dank der Eiszeit!

 ## Das Naturbad Samerberger Filze

Die Samerberger sind selbstbewusst, sie lassen die Eiszeit für sich arbeiten. So steht es jedenfalls im Flyer der Tourist-Info, und ganz falsch ist das ja auch nicht. Ihr wunderschönes Naturbad zwischen Törwang und Grainbach war ursprünglich einer jener eiszeitlichen Restseen, die auch im Hochtal Samerberg vor 10.000 Jahren zurückblieben. Über die Jahrhunderte verwandelte er sich in ein Hochmoor, auch „Filzen" genannt, mit einem typischen kleinen Teich in der Mitte. Der war schon immer ein wild genutzter Badeplatz für die Einheimischen, bis aus ihm in den 1960ern eine Art inoffizielles Moorbad wurde und dann schließlich 2012 das heutige Naturbad entstand.

Die selbstbewussten Samerberger wollten damit etwas ganz Besonderes schaffen. Nach EU-Zuschüssen, Sponsoring, Spendensammeln und sehr viel Eigenleistung schimmerte es schon nach einem knappen Jahr blau und grün unter Birken und Erlen: ein nagelneues Wasserjuwel, mitten in einer traumhaften Kulisse. „Naturbad" heißt es nicht ohne Grund, denn auch beim Thema Ökologie haben sich die Samerberger vorne angestellt. Jeder Badegast kann direkt neben dem Schwimmbecken eine ungewöhnliche Anlage bestaunen, die aus einem Seerosenteich besteht und gleich daneben einer Art Hochbeet, das einem Reisfeld ähnelt. Beides dient als ökologische Umwälzanlage, die das Wasser permanent auf natürliche Weise reinigt.

TIPP Bei jeder Radltour am Samerberg ist das Bad der ideale Zwischenstopp. Manche bleiben einfach da.

Wer das gesehen und verstanden hat, badet hier gleich noch mal so gerne, in einem Wasser, das frisch und klar ist und einen angenehmen Geruch hat. Die hölzernen Stege und Beckenränder sind sonnenwarm, Bäume und Sonnensegel werfen gerade genug Schatten, die Liegewiese ist frisch gemäht, und am Kiosk warten Weißbier und die üblichen Schmankerln. Ringsum nur Grün in allen Schattierungen, dazu der sagenhafte Blick auf Hochries und Heuberg, und das alles für null Cent Eintritt! Vielen Dank der Eiszeit und den Samerbergern für diese glückliche Sommeridylle!

▶ **Naturbad Samerberger Filze, Schwimmbadstraße, 83122 Samerberg**
www.samerberg.de

Rosenheims Alpin-Veranda

11 · *Die Hochries mit Hütte, Bahn und Tummelplatz*

Noch kein Hochries-Freund hat jemals behauptet, dass man da oben alleine ist. Was aber nicht heißt, dass dort auf 1569 Metern Höhe der Bär steppt, hier tummeln sich nämlich nur Menschen, die wissen, was sie diesem Platz an Rücksicht schuldig sind: Das sind die Skitourengeher und Mountainbiker, die Drachenflieger und Paraglider, die Wanderer und Tagesausflügler; Platz ist trotzdem für jeden da, auch auf der Terrasse der Hochrieshütte, wo oft noch bis in den Oktober die Sonne scheint.

Der Grund für den Drang gerade auf diesen Gipfel ist das grandiose Panorama, übrigens eine Eigenschaft vieler Gipfel der Chiemgauer Berge. Schuld daran ist ihr direkter Anstieg aus der Ebene mit oft über 1000 Höhenmetern, was Bergwanderer nicht abschreckt und zugleich hoch genug ist für einen Balkonblick nach Süden bis zum Alpenhauptkamm. Nach Norden in die Ebene von Inntal und Chiemsee schauen dagegen die Drachenflieger und Paraglider, wenn sie sich tollkühn in die Tiefe stürzen. Nicht weit von der Hochrieshütte liegen ihre Startplätze, hier tummeln sich bei Flugwetter die Zuschauer in Scharen. Möglich, dass sie ihre Helden zuvor in der Kabine der Hochriesbahn getroffen haben.

TIPP *Ein guter Platz auch für Hüttenwanderer, statt Matratzenlager schöne, helle Mehrbettzimmer.*

Die ist ein weiteres Argument für die Hochries: Sie hilft beim Halbieren des Weges! Von Grainbach bis zur Mittelstation zuckelt ein gemütlicher Lift mit Einzelsitzen, und weiter zum Gipfel geht es dann mit der Kabinenbahn, geräumig genug auch für Fliegergepäck. Den Lift nutzen gerne die Biker der Freestyle-Fraktion, um dann auf ihrem ausgebauten Trail mit Steilkurven ins Tal zu brettern. Liftfahrer haben ein Art Drohnen-Perspektive auf diesen Sport, Stürze inklusive.

Die Hochries hat aber auch ihre entspannten Seiten. Die Einkehr in der Hochrieshütte gehört dazu, an einem normalen Wochentag bei Traumwetter, egal wie man hochgekommen ist. Dazu ein Ratsch mit den Wirtsleuten Sarah und Manuel bei Kaas-Pressknödeln und Weißbier, auch so geht Gipfelglück!

◗ **Hochries Hütte, Hochries 1, 83122 Samerberg**
www.hochrieshuette.de
◗ **ÖPNV: Hochriesbahn, Hochriesstraße 80, 83122 Samerberg**

Auf 15 Metern loslassen!

12 *Kletter- und Boulder-Halle Rosenheim*

Ist Klettern bloß ein Trendsport? „Eigentlich nicht! Zu uns kommen wirklich alle, und jeder kann nach seinen Möglichkeiten probieren und anfangen!" So beantwortet Tom Janko die Frage. „Sogar Kinder wollen begeistert hoch!" Womit er die beliebten Kindergeburtstags-Kletterpartys meint. Und was genau ist der Reiz? „Sich auszuprobieren! Und es reizt auch ein bissl die gefühlte Gefahr", weiß Tom, Geschäftsführer der Rosenheimer Kletterhalle. „Du hängst zwar im Seil, aber du musst dich erst mal trauen, in 15 Metern Höhe loszulassen!" Da hat man es glücklich bis oben geschafft, alle Spots gut erwischt, und dann das Loslassen über der Tiefe. Also Glücksgefühl Nummer zwei! Denn da unten ist jemand am Seil, der ist verlässlich. Damit beschreibt Tom ein „Feeling", das er offenbar selbst gut kennt.

Am frühen Vormittag ist noch nicht so viel los in der Halle, nur ein paar Kletterer sind unterwegs an den verschieden breiten lotrechten Wänden mit ihren bunten Spots, wie die Klettergriffe hier heißen. Die Boulderhalle nebenan ist noch leer, draußen scheint die Sonne, später kann vielleicht an der Außenwand trainiert werden. Eine sportliche junge Frau hat sich dafür angemeldet. „Die klettern in der Regel eleganter, bei Männern dominiert die Kraft", meint Tom. Das werden bestimmt tolle Fotos!

Im Bistro erzählt er, bei Cappuccino und freiem Blick in die Halle, wie alles anfing vor zwölf Jahren. Tom und sein Partner Bruno, beide noch keine 30 und begeisterte Kletterer, wollten hoch hinaus. Zweieinhalb Millionen brauchten sie von der Bank, die fand die Idee „Kletterhalle" zwar exotisch, aber irgendwie auch interessant. Der geeignete Platz fand sich bald, und auch mit dem Architekten hat's gepasst. Seitdem sind die 2000 Quadratmeter Kletterfläche neben der Landlmühle ein Glücksort für alle Kletterer. Im Winter in der warmen Halle, im Sommer mit Biergarten und Blick auf die nahen Chiemgauer Berge. Die sind dann sicher auch mal dran, wenn die Zeit und das Wetter passen.

· ·

Kletter Boulder Halle Rosenheim, Finsterwalderstraße 4, 83071 Stephanskirchen
www.kletterhalle-rosenheim.de
ÖPNV: Bus 9493, Haltestelle Hofmühle Abzw. Landl

Hier lässt sich's lesen!

13 *Rosenheims Stadtbibliothek und die Kinder*

Schon zwei Stunden bevor offiziell geöffnet wird, wuseln hier Kinderscharen treppauf und treppab, von den Regalen zu den Bildschirmen, Bücher unterm Arm, fröhliche Rufe und Gelächter – müssten die jetzt nicht in der Schule sein, vierte Klasse oder so? Wo kommen die her? Und wer passt auf sie auf? Staunen ist erlaubt, Besorgnis aber völlig unangebracht, denn „das hier sind unsere beiden ersten Unterrichtsstunden", klärt Lehrerin Claudia auf. Und die Leiterin der Stadtbibliothek ergänzt: „Es gibt fast keinen Tag ohne Schulklasse in der Früh! Bei uns können die Lehrer Themen-Module buchen, vom Bilderbuch-Kino für die Erstklässler bis zum Klimaschutz für die Älteren." Leseförderung, sagt sie, sei schon immer ein Schwerpunkt gewesen, und der hat offenbar Erfolg gehabt.

Die Stadtbibliothek Rosenheim scheint nicht nur für Kinder ein Magnet zu sein, woher kämen sonst die rund 800 Besucher täglich? „Wir waren noch nie eine elitäre Bibliothek, zu uns kann jeder kommen!" So das selbstbewusste Statement von Leiterin Susanne Delp. „Wir probieren ganz viel aus, auch Ungewohntes wie die Bibliothek der Dinge mit Akkuschraubern, Beamern oder Heckenscheren. Warum immer kaufen? Bei uns kann man das leihen!" Genau wie die übrigen 90.000 Medien, so der Fachausdruck für Bücher, CDs, Filme, E-Books etc. Die Standards wie Lesungen, Fernleihe, Online-Recherche etc. gibt es sowieso, nur der Umgang mit Kindern fällt mal wieder aus dem Rahmen; Bibliotheksausweis: ja. Gebühren bis 18 Jahre: keine!

Deshalb und wegen der Arbeitsplätze mit Internetzugang ist der dritte Stock bei den Rosenheimer Schülern so beliebt, ideal fürs Recherchieren und Ratschen. Doch erst im Kinderhaus, einem fröhlichen, hellen Leseparadies, wird klar, wie wichtig den Rosenheimern die Kinder sind! Hier gibt es Vorlesepaten, außerdem Kuschelecken und Mengen von Büchern und Spielen. Eltern dürfen ruhig mal in der Stadt etwas allein unternehmen, später beim Abholen treffen sie ganz sicher auf glückliche Kinder.

··

○ Stadtbibliothek Rosenheim, Am Salzstadel 15, 83022 Rosenheim
www.stadtbibliothek.rosenheim.de
○ ÖPNV: alle Linien, Haltestelle Stadtmitte

Grün und friedlich

 14 *Grüner Markt am Ludwigsplatz*

Markt wird heute, genau wie Grün, als Begriff gerne hintersinnig aufgeladen. Zum Glück hat aber der Grüne Markt am Rosenheimer Ludwigsplatz nur etwas mit Tradition zu tun, und zwar mit einer der ältesten und besten überhaupt. Durch die gesamte Weltgeschichte hindurch waren und sind die friedlichsten Plätze doch immer noch die Marktplätze! Von denen hat Rosenheim einige, wie den Max-Josefs-Platz, Zentrum und „Gute Stube" der Stadt und groß genug für Christkindlmarkt oder Fridays-for-Future-Demos. Solche öffentlichen Bühnen für den Zeitgeist müssen sein, doch wenn es ums Alltägliche geht, zum Beispiel um frische Lebensmittel, dann gehen die Rosenheimer ein paar Schritte weiter durch's Mittertor zum Ludwigsplatz und seinen Marktständen.

Nicht nur für Restaurant-Köche ist das zur Gewohnheit geworden, man kennt schließlich seine „Standl-Leut" und weiß genau, wann es wo das beste Gemüse und Obst, den frischesten Chiemsee-Fisch oder auch Geflügel, Eier, Brot, Wurst und Käse gibt. Letzterer kommt auch schon mal aus dem nahen Tirol, gilt aber wie alles andere am Ludwigsplatz zu Recht als regional. Ab zwölf Uhr treffen sich die Mittagspausler und Flaneure am Würstl-Stand, die Cafés in den nahen Arkaden sind geöffnet, und an Festtagen wie Erntedank spielt auch schon mal die Musi am Brunnen. Bei solchen Gelegenheiten kann man den 80-jährigen Serafin treffen, der direkt aus den Holzkisten drei alte Sorten aus seinem Apfelgarten verkauft. Am Ludwigsplatz ist der Markt schließlich offen für alle.

In alten Chroniken wird dem „Markt Rosenheim" und seinen Bewohnern gerne ein ausgeprägter Händlergeist nachgesagt und zugleich an ihrem Sinn für Kultur gezweifelt. Selbst wenn das mal so war, heute steht gerade am Ludwigsplatz das beste Gegenbeispiel: Drei heitere Marktfrauen als bronzene Brunnenskulptur vom Meisterbildhauer Wolfgang Wright; Handel und Kultur friedlich vereint und ganz leicht grün patiniert.

TIPP Kleiner Markt: Montag bis Mittwoch. Großer Markt: Donnerstag bis Samstag. Immer 8 bis 13 Uhr.

Grüner Markt, Ludwigsplatz, 83022 Rosenheim
www.markt-rosenheim.de
ÖPNV: alle Linien, Haltestelle Stadtmitte

Hier ist McD chancenlos!

 15 *Simsseer Weidefleisch im Landlmühle-Salettl*

McD muss man nicht erklären, Salettl eventuell schon. Für die Nicht-bayern eine kurze Beschreibung: Das Salettl ist eine Art traditioneller Wirtshaus-Wintergarten, manchmal als wetterfester Übergang vom Biergarten ins Gasthaus errichtet, mit viel Tageslicht und meist auch viel Holz. Biergarten stimmt in unserem Fall, das Salettl hat jedoch einen Kachelofen, darum folgt ihm auch kein Gasthaus mehr, sondern die Verkaufstheke einer Metzgerei. Kann das ein Glücksort sein? Wer sich mit Rudolf Finsterwalder, dem Herrn der Landlmühle, auf ein Gespräch einlässt, hat daran rasch keinen Zweifel mehr.

Die 150 Jahre alte Mühle gehört zu Stephanskirchen am rechten Inn-Ufer, der zur Mühle gehörende kleine Fluss ist die Sims, sie mündet in den Inn und kommt aus dem Simssee. Simsseer Weidefleisch lautet deshalb der Markenname all dessen, was in der Biometzgerei sowie im Salettl und Biergarten an besonderer Qualität geboten wird. Der Grund: Es stammt von Tieren aus „symbiotischer Landwirtschaft", einem Modell der Hermannsdorfer Landwerkstätten. Die Genossenschaft „Simsseer Weidefleisch" hat deren tierfreundliches Modell übernommen, zusammen mit dem alten Handwerk der Warm-fleisch-Metzgerei. „Die kommt ohne Zusatzstoffe und Kühlung aus", erklärt Finsterwalder, „das heißt Ökologie der kurzen Wege, die Transport, Verpackung und Energie

TIPP Etwas Besonderes aus der Metzgerei? Das „Bürgermeisterstück" vom Rind. Beim Preis beide Augen zu!

spart." Wenn er bei Hof-Festen selbst am Grill steht, spricht er schon mal vom „besten Fleisch der Welt!".

Selbstbewusst darf er sein, der Herr der Landlmühle, denn bei ihm an der Sims hat sich so einiges symbiotisch angesiedelt: Kunsthandwerk, Yoga und Spirituelles, Fitness und Kletterhalle. Als Allrounder ist er Biolandwirt, Gastronom, Vermieter, Stromerzeuger und auch ein nicht unbedeutender Architekt, dessen Spuren unverkennbar sind. Neben dem Alten stehen viele Gebäude in Naturholz, und nichts im Ensemble ist übermäßig herausgeputzt. Bayerisch alternativ sozusagen, ein Biotop zum Wohlfühlen!

○ **Landlmühle, Finsterwalderstraße 1, 83071 Stephanskirchen**
www.simsseer-weidefleisch.de
○ **ÖPNV: Bus 9493, Haltestelle Hofmühle, Abzw. Landl**

Lebendig und nachwachsend

 16 *Das Holztechnische Museum im Ellmaier-Haus*

Das Holz ist der älteste lebende Werkstoff der Menschheit, und Spezialisten sagen ihm eine große Zukunft voraus. Vielleicht, weil sie von seiner noch größeren Vergangenheit etwas gelernt haben. Auch an der FH Rosenheim und ihrer Fakultät für Holztechnik gibt es diese Lernbereitschaft, weshalb man sich vor 30 Jahren dachte: Machen wir ein Museum, das uns nicht vergessen lässt, wie kreativ man schon früher mit Holz umgegangen ist! Das findet man seitdem im 350 Jahre alten Ellmaier-Haus am Max-Josefs-Platz, einem Ort, an dem zum Glück auch die Nostalgie noch ihren Platz gefunden hat.

Und die kann man hören! Im ersten Stock, nach einer langen Holztreppe, knarzen die historischen Holzdielen unter unseren Schritten so beruhigend, dass sofort jede Hektik draußen vor der Tür bleibt. Helle Eiche, schwer, aber gut gängig. Und dann tauchen wir ein in die Welt der alten Werkzeuge und Jahresringe, das Symbol schlechthin für ein entspanntes Tempo. Das werden die genialen Modellbauer gebraucht haben, deren Produkte die Highlights der vielen Museumsräume bilden. Freunde der Miniaturwelten schauen beglückt auf Sägewerke und Windmühlen, Werkstätten von Schäfflern, Wagnern und Schreinern, Anlagen vom Berg-, Brunnen- und Rohrleitungsbau oder auf Modelle aus dem Flugzeug-, Boots- und Schiffsbau.

TIPP *Am Ort der Jahresringe kann man auch heiraten! Nach vielen Stufen über die „Himmelsleiter".*

Und dann erst die Welt der Werkzeuge, im Original! Kreissägen, Bandsägen, Gattersägen, Klopfsägen, eine Motorsäge von 1941, Äxte, Bohrer, Hobel, Zwingen, eine Schlittenkufen-Biegevorrichtung, Ski aus Eschenholz, als Fundstück mittendrin eine 7000 Jahre alte Mooreiche und als Nachbau: Ötzis Pfeil aus einem Zweig des „wolligen Schneeballs". Nie gehört? Auch eine Holzart, wie so viele andere, über die lehrreich informiert wird. Alles top ausgeleuchtet, gut beschriftet und, bei jährlichen 6000 Besuchern aus aller Welt, nicht überlaufen. Das Resümee: ein neuer Blick auf unsere Zivilisation. Zum Glück gibt's Holz, immer nachwachsend!

Holztechnisches Museum, Max-Josefs-Platz 4, 83022 Rosenheim
www.htmverein.de
ÖPNV: alle Linien, Haltestelle Stadtmitte

Joggen durch grüne Auen

 Rosenheimer Traumwege entlang der Mangfall

Dieser Glücksort ist ausnahmsweise mal nicht punktuell zu finden, sondern zieht sich eher der Länge nach als gebogene Linie durch Rosenheim. Und zwar entlang der Mangfall, jenem kleinen Gebirgsfluss, an dem Rosenheim zwar offiziell nicht liegt, der dafür aber der Stadt viele grüne Wege am Wasser beschert. Als Abfluss des Tegernsees macht sich die Mangfall zunächst Richtung München auf den Weg, überlegt sich dann aber mit einem scharfen Schwenk nach Osten, dass sie mehr Lust auf Rosenheim hat, wo sie dann nach gerade mal 58 Kilometern in den Inn mündet. Die Münchner holen sich dafür aus dem Tal ihres Oberlaufs im großen Stil ein erstklassiges Trinkwasser. Das sorgt bei den Mangfalltalern immer mal wieder für Ärger.

Die Rosenheimer beobachten den Zwist nur aus der Ferne und genießen dafür lieber die grünen Flussufer als Laufparadies. Die Jogger, Spaziergänger und auch Radler haben natürlich alle ihre Lieblingsstrecken und -plätze, darum braucht es für Neubürger und Gäste unbedingt einen kundigen Hinweis: Der Traumweg für den Anfang, und sicher auch für

TIPP Am ehemaligen Eingang der Gartenschau: die Arche, ein Schiff als Café, schöne Plätze an Deck.

später, ist die Strecke zwischen Kunstmühle und „Innspitz", dem Platz, wo sich das dunkle Mangfallwasser mit dem kalten Grün des Inn vermischt. Vor zehn Jahren wurde dieser Spitz als naturnaher Aussichtspunkt umgestaltet, eine Landesgartenschau war der Anlass. Auf dem Weg Richtung Kunstmühle sind noch manche ihrer gelungenen Unternehmungen als Überraschung zu entdecken.

Der Mangfallweg hat den großen Vorteil, dass sich die sieben Kilometer bis zur Kunstmühle jederzeit in kleinteilige Rundwege unterteilen lassen, denn immer wieder bieten Stege und Brücken den Wechsel zur anderen Seite an. Der Weg führt unter allen Straßenbrücken hindurch, mal asphaltiert, mal gelenkschonend mit gewalztem Kies präpariert, und das Grün der Alleen und Auwälder ist Entspannung pur. Dazu immer glitzerndes Gebirgswasser als Begleiter und Bänke an den richtigen Stellen, einfach traumhaft!

● Spazierwege entlang der Mangfall, für den Start am Innspitz: Vom Parkhaus 9 am Klinikum ca. 150 Meter über die Ellmaierstraße zum Innufer
● ÖPNV: Bus 6, Haltestelle Ellmaierstraße

Der Mississippi aus Tirol

18 *Das Rosenheimer Inn-Museum*

Kann ein Museum ein Glücksort sein? Wo es doch an solchen Orten nur um die Vergangenheit geht, so wie bei der Inn-Schifffahrt? Zugegeben, das Thema interessiert eher die männliche Hälfte der Menschheit, doch wer deren Fantasie richtig entfacht, macht auch aus dem Inn-Museum einen Glücksort. Halt nur für Männer, dafür aber jeden Alters.

Zu Zeiten, als der wilde grüne Inn noch ungebändigt von Tirol kommend an Rosenheim vorbeirauschte, konnte jeder Schulbub sich wie Tom Sawyer oder Huckleberry Finn am Mississippi fühlen. Während die Schiffsmeister – woanders nannte man sie Reeder – zufrieden ihren reich beladenen Schiffszügen nachschauten. Nahe dem Churfürstlichen Bruckbaustadl, in dem heute das Museum zu Hause ist, legten sie noch bis 1850 in großer Zahl an und wieder ab, glückliche Zeiten also für Handel und Wandel in der Innstadt Rosenheim!

Heute heißt das Gebäude Flussbaustadl, und der ältere Herr, der den Einlass macht, erzählt nebenbei: „Letztens war eine Gruppe von Fachleuten aus Amsterdam da, die haben gemeint, das wäre das schönste Schifffahrtsmuseum in Europa!" Die Holländer verstehen etwas von Schifffahrt, zu Übertreibungen neigen sie eigentlich auch nicht, und wer diesem Lob als Besucher nachgeht, teilt ganz schnell ihre Meinung.

TIPP Geöffnet nur vom 1. April bis 31. Oktober, Sa. und So. von 10 bis 16 Uhr.

Schon die Authentizität des 450 Jahre alten Gebäudes macht dabei viel aus. Richtig bayerische „Mississippi-Gefühle" kommen dann auf, wenn die ersten Originalplätten zum Anfassen vor einem liegen, dazu die speziellen Werkzeuge der Schopper und Schiffsbauer, und dann vor allem die großartigen Flusslandschaften im Modell mit ihren Miniaturschiffszügen. Es muss ein eindrucksvolles Bild gewesen sein, wenn die kilometerlangen Schiffszüge mit ihren großen und kleinen Plätten von Dutzenden Pferden stromauf getreidelt wurden! Die „Schiffsleut" hatten ihre eigene Sprache und Begriffswelt, waren als trinkfest und selbstbewusst bekannt und scheuten keine Gefahr. Eine Vorstellung, die Männer glücklich machen kann, auch im Museum.

Inn-Museum, Innstraße 74, 83022 Rosenheim
www.rosenheim.de/kultur-freizeit
ÖPNV: Bus 9415, Haltestelle Innstraße

Zeitreise in PS!

 19 *Cargold Collection, edle Oldtimer in Beuerberg*

Im Laufe der beliebten Männergespräche über das erste eigene Auto landet Mann, vorausgesetzt er ist der passende Jahrgang, gerne beim Thema Oldtimer. Glücklich, wer dazu möglichst originelle Details beisteuern kann, sozusagen unter Kennern, und das sind wir ja quasi alle. Die Leidenschaft für automobile Frühzeit zum Beruf zu machen ist dagegen Stefan Luftschitz gelungen. Auslöser war ein Mercedes 300 SEL 6.3, sein erster persönlicher Oldtimer – und nicht sein letzter. Luftschitz' Cargold Collection ist heute einer der drei größten deutschen Oldtimer-Händler, im Lauf von 33 Jahren hat er rund 6000 Autos verkauft. Wer in seinem riesigen Web-Archiv blättert, begibt sich auf eine besondere Zeitreise.

Seine Autos zeigt der Hamburger auch ganz konkret, über 100 sind es derzeit, die in Rosenheim und Beuerberg am Simssee geparkt sind. „Von allem das Beste", wie er selbstbewusst betont, darum sei gleich vorweg gesagt: Stefan Luftschitz betreibt kein Oldtimer-Museum, sondern er ist Händler, der seine Schätze zwar nicht versteckt, aber gerne vor einem Besuch gefragt werden möchte. Außerdem gibt es jeden ersten Samstag im Monat in Beuerberg einen Oldtimer-Brunch, da treffen sich die Kenner und Insider. Ein Tipp für Urlauber: Die Familie am nahen idyllischen Simssee-Badeplatz in Pietzing parken und danach Oldtimer anbeten gehen. Sie sind, wie sich das gehört, in einem wunderschön restaurierten, 500 Jahre alten Bauerngut geparkt, auf zwei Etagen.

Auch in Rosenheim sind es zwei Ebenen, voll mit seltenen Auto-Träumen, meist Sportwagen oder große, edle Karossen, denn das Cargold-Angebot speist sich aus Sammlungen auf der ganzen Welt. Der dezente Ölgeruch macht aus den Cargold-Hallen eine Art Technik-Tempel, in dem man unwillkürlich den Schritt dämpft und voller Respekt nur noch staunt. Was da konkret zu bewundern ist, zeigt am besten die Website, dafür gibt's ja die moderne Technik. Apropos moderne Technik: Früher waren die Autos eindeutig origineller und schöner!

....

☺ Cargold Collection, Beuerberg 19, 83083 Riedering
www.cargold.com
☺ ÖPNV: Bus 9497, Haltestelle Beuerberg

Wegwerfen geht gar nicht!

20 *Schmitter Fachhandel für gebrauchtes Werkzeug*

In diesem Viertel Rosenheims hatte das Handwerk immer schon Tradition, und wo Handwerker waren, da gab es auch Wirte. Zum Beispiel den Altenauer Hof in der Färberstraße 8. Heute klopfen da immer noch Handwerker an, nun aber auf der Suche nach Werkzeug, das sie sonst nirgends finden. Außer hier, beim Schmitter, so haben sie es gehört. Wenn der sie dann durch seine Werkzeug-Wunderkammer führt, schaut schon mal einer aus den Resten des Wandgemäldes der alten Wirtschaft auf den Suchenden herunter, so als wollte er sagen: „Hier findst, was du brauchst!" Und so ist es auch meistens, versichert Bernhard Schmitter. Und falls nicht, gibt's eine Warteliste.

Seit über 40 Jahren hat er erfolgreich am speziellen Ruf seines Ladens gearbeitet, denn bei Werkzeug und Maschinen macht ihm kaum jemand etwas vor. Das liegt an seiner langen Erfahrung als Händler und an der Überzeugung, dass Altes aus stillgelegten Werkstätten nicht gleich dem Schrotthändler überlassen werden muss. Gerade solche Werkstatt-Auflösungen sind es, ob beim Schreiner, Schlosser, Dreher oder Drechsler, die ihm die Schätze liefern, nach denen andere suchen. Denen gehen dann die Augen über, wenn sich die Schubläden mit Bohrern, Drehmeißeln, Fräsen oder ausgefallenen Gewindeschneidern öffnen. Tausende Einzelstücke! Seine Holzhobel-Sammlung im Obergeschoss ist nur äußerlich „antik", alles ist zwar gebraucht, aber geprüft und „pfenningguat". Also tadellos.

Was Bernhard Schmitter zum Thema „Neues Werkzeug aus Fernost" sagt, kann man sich denken. Dafür kommen seine Kunden von überall, ob aus Australien oder vom Rosenheimer Holztechnikum. „In Kroatien haben wir gerade eine komplette Bootswerft eingerichtet", erwähnt er nebenbei, und das arg mitgenommene Invert-Schweißgerät, das da im Weg steht, „das richten wir wieder her". Dafür gibt es die eigene Werkstatt, weiter hinten im Gemäuer, da, wo sein Oldtimer wartet, ein Chevrolet von 1943. Und die normalen Bastler? „Sind immer willkommen! Und hat einer Probleme, dann zeigen wir ihm, wie's geht!"

· ·

◯ Schmitter Fachhandel für Werkzeug, Färberstraße 8, 83022 Rosenheim
◯ ÖPNV: alle Linien, Haltestelle Stadtmitte

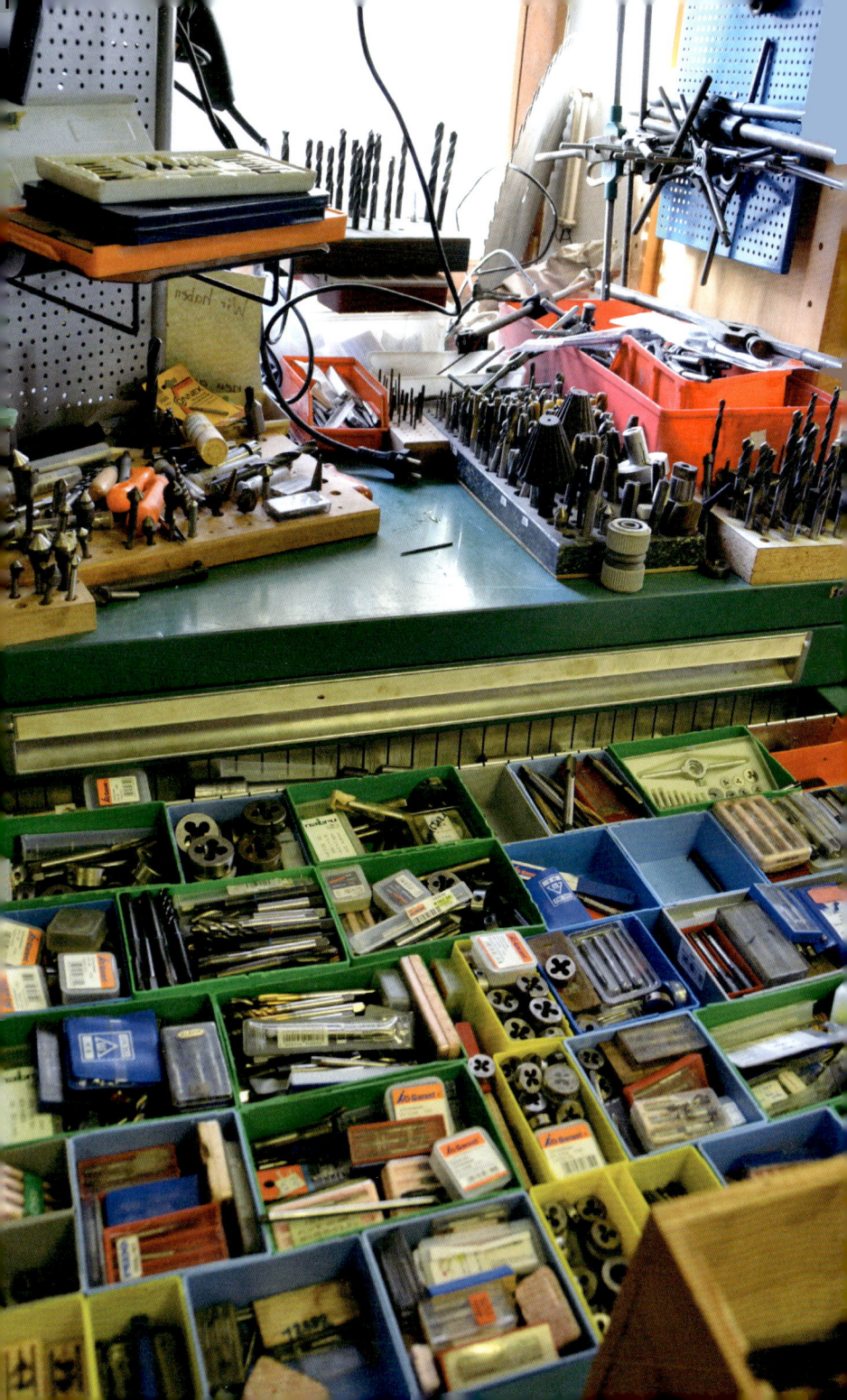

Offen für die Kunst

21 *Das Atelier Stefanie Seethaler*

„Wenn einer meint, jetzt habe ich endlich Zeit, und ich wollte schon immer mal malen, dann soll er soll ruhig kommen!" So geht Stefanie Seethalers Einladung, „dann setzen wir uns zusammen, und ich rede mit ihm über Kunst". Womit natürlich nicht nur Er, sondern auch Sie, und Jung und Alt sowieso gemeint sind. Denn mit Kindern und Jugendlichen arbeitet sie schon am längsten, darum steckt sie gerade in einer Fortbildung auf Lehramt. „Als zweites Standbein, Richtung Waldorfpädagogik, denn es ist ja richtig krass", empört sich die Künstlerin, „dass an Regelschulen gerade mal eine Stunde Kunst in der Woche geboten wird!"

Bei ihr Schüler gewesen zu sein stellt man sich gut vor, aber ohne Zeitreise geht's ja auch. Denn Stefanie Seethaler gibt Kurse für jeden, in einer Galerie (www.lacunadelarte.de) wie auch in ihrem modernen Haus, im bieder-bürgerlichen Viertel Kastenau. Inmitten der geradlinigen Räume, ohne viele Türen und mit reichlich Tageslicht, lenkt nichts ab vom künftigen Schaffensrausch – aber der ist natürlich keine Pflicht! Neugierige, Kunstfreunde, Kollegen und ja, auch Käufer finden bei Stefanie Seethaler ein offenes Haus. „Einfach anmelden, dann ergibt sich schon etwas!"

Sich mit Menschen auszutauschen ist ihr ganz wichtig für die Arbeit: „Etwas verteilen, weitergeben, vernetzen!" Bestes Beispiel dafür ist ihr Werk *One of eighthundred:* 800 heitere, farbige Papierbilder, etwa im Spielkartenformat, als riesiges Gesamtbild gedacht und auch schon mal gezeigt, aber einzeln zu kaufen! „Das Bild wird dadurch nur größer, denn so geht es in die Welt hinaus!" Von der Art brut wurde sie beeinflusst, und bei Markus Lüpertz hat sie auch viel gelernt, berichtet sie. „Sich für das Intuitive, Ungeplante frei machen und schau'n, was dabei herauskommt! Wenn dann jemand sagt, ‚das könnte meine kleine Tochter auch!', dann ist das ein großes Kompliment für mich!" In ihrem offenen Haus Bilder anschauen und über Kunst plaudern, das macht auf jeden Fall gute Laune!

● Stefanie Seethaler, Kiefernweg 10, 83022 Rosenheim
www.stefanie-seethaler.de
● ÖPNV: Bus 10, Haltestelle Kiefernweg

Gebete auf dem Bierkeller

22 Die Roßackerkapelle, Rosenheims Rokoko-Juwel

Brauer waren schon immer die heimlichen Regenten Rosenheims, nur vergleichbar mit den Schiffsmeistern, den Herren der Inn-Schifffahrt. Letztere sind Geschichte, die Brauer dagegen sind nach wie vor präsent. An ihre Historie erinnert so mancher alte Bierkeller, doch kaum einer würde eine Rokoko-Kapelle mit ihnen in Verbindung bringen. Sie heißt Roßackerkapelle, was eher bäuerlich bescheiden klingt, doch gebaut hat sie kein Geringerer als Abraham Millauer. Stuck und Altar stammen von Johann Baptist Zimmermann, und der Maler von Deckenfresko und Altarbild war Johann Zick. Die drei Herren Hofkünstler zu diesem Zweck aus der Münchner Residenz in die Provinz zu locken, hat 1737 ein Braumeister geschafft, Johann Schmetterer mit Namen und offenbar nicht ganz mittellos.

Er und seine Frau Magdalena kennt man als Stifter der Kapelle, wobei die heilige Magdalena im Deckenfresko wie auch figürlich in einer der beiden Grotten zu sehen ist. Zu Ehren seiner Frau, das wäre ein denkbares Motiv für die Stiftung einer Kapelle. Deren Platzwahl bleibt aber bis heute ein Rätsel. Sie steht nämlich direkt über den Bierkeller-Gewölben der Brauer-Dynastie Flötzinger, aus der Schmetterers Frau Magdalena stammte. Wollte er hier Betende vom unter ihnen lauernden Höllenpfuhl ablenken, oder wollte er seinem Schwiegervater imponieren? Wie auch immer, dem Stifter-Paar Schmetterer ist ein selten schön erhaltenes Kleinod des Rokoko zu verdanken.

Gewidmet ist die Kapelle den „Heiligen Sieben Zufluchten", mag sein, dass ihr so nichts und niemand Schaden zufügen konnte. Selbst die Säkularisation hat sie gut überstanden! Deshalb wird sie auch heute noch von den Rosenheimern so behütet und geliebt. Früher fuhren unten in der Samerstraße die Fuhrwerke in den Bierkeller, direkt unter die Kapelle. Zu den nicht mehr genutzten Gewölben gibt es nur manchmal noch Führungen, die Kapelle oben am Roßacker steht dagegen täglich jedem offen; wer dort einfach mal eine Pause einlegt, gewinnt den Tag, wenn nicht mehr!

· ·

⟐ Roßackerkapelle, Am Roßacker 5, 83022 Rosenheim
⟐ ÖPNV: alle Linien, Haltestelle Stadtmitte

Weltall mit freiem Eintritt

23 *Besuch auf der Sternwarte der TH Rosenheim*

Es gibt an der Rosenheimer Hochschule diese besonderen Montage, bei denen der Eingang vom Gebäude D auch nach Einbruch der Dunkelheit offen steht. Dann treffen sich dort, vorausgesetzt der Nachthimmel ist klar, die Sternenfreunde der Region. Auf der weitläufigen Dachterrasse wartet auf sie die 5-Meter-Kuppel der Rosenheimer Sternwarte, und auch die kreisrunde Sichtblende ist bereits entfaltet; hinter ihr gewöhnt sich das Auge an die Dunkelheit, gegen das Kunstlicht der Umgebung. Manche reden dabei von Lichtverschmutzung, auch ein Thema, bei dem sich Prof. Dr. Junker auskennt, doch heute, bei einer seiner beliebten Montagsführungen, geht es um größere Dimensionen.

Weltall, Kosmos, Universum, egal wie man es nennt, der Professor erklärt erst einmal ganz unprofessoral seinen Besuchern, was gerade aktuell mit bloßem Auge über ihnen zu sehen ist. 15 Weltall-Interessierte sind es, bunt gemischt, jedes Alter, Touristen wie Einheimische, und alle haben freien Eintritt beim Weltall-Blick durchs Fernrohr auf die Saturnringe oder was sonst gerade astronomisch Bedeutsames zu beobachten ist. Eine Spendenbox wird trotzdem bestückt, quasi aus Tradition, denn begründet wurde die Sternwarte vor über 30 Jahren durch Spenden der Rosenheimer. Und darum ist der computergesteuerte 35-cm-Celestron-Reflektor, ein respektables Spiegelteleskop, auch für alle da. Ebenso wie das „Öffentliche Astronomische Kolloquium", bei dem auch der zurzeit beliebteste Weltall-Erklärer Harald Lesch regelmäßig Vorträge hält.

Als Professor für angewandte Physik bildet Junker zwar keine Astrophysiker aus wie Lesch, doch seine „Einführung in die Astronomie" im Rahmen des Studium generale hat immer einen gut gefüllten Hörsaal. Gefragt, ob am Montag oder in der Vorlesung die besseren Fragen gestellt werden, kommt die klare Antwort: „Meine Montagsbesucher stelle ich da keinesfalls in die zweite Reihe!" Am liebsten sind ihm aber die Grundschulkinder: „Die können noch so richtig staunen!"

Sternwarte Rosenheim, Technische Hochschule, Gebäude D, Hochschulstraße 1, 83024 Rosenheim
www.sternwarte-rosenheim.de
ÖPNV: Bus 1, Haltestelle FH, Hochschule

Für alles ein Kraut

24 Die Rieder'sche Alte Apotheke

Der Spruch mit dem Kraut gegen alles hat viele Varianten, und vermutlich ist er so alt wie die Kräutermedizin selbst. In einem Nebengewölbe der Alten Apotheke stößt er uns mit der Nase auf seine tiefere Bedeutung, denn der Duft nach Kräutern ist überall, wenn wir im historischen Kräuterkammerl am Ludwigsplatz auf eine heilsame Zeitreise gehen: Behälter mit uralten Aufschriften stapeln sich bis an die Decke, im Hintergrund klingelt die antike Registrierkasse, und freundlich kompetente Damen im weißen Kittel fragen nach unseren Wünschen. Zum Glück ist das kein Museum, sondern wohlriechende Realität.

Natürlich ist die Rieder'sche Alte Apotheke auch hochmodern, aber sie hat eben ihre besondere Geschichte. Die begann im Jahr 1742, und zwar „als Fenstergeschäft", erklärt Apotheker Herterich, „denn Ladengeschäfte im heutigen Sinn waren noch unüblich". In einem Gang des 400 Jahre alten Hauses zeigt er auf ein altes Wandbild, auf dem ein Vorfahr der Apotheker-Dynastie durch ein Eckfenster die Bestellung eines Patienten entgegennimmt. Dort konnte er tags drauf sein Mittelchen wieder abholen, hergerichtet vermutlich in einem Kräuterkammerl. Die Rieders bauten damals ihre Kräuter im eigens angelegten Garten unweit der Stadtmauer noch selbst an (mehr auf Seite 66).

Das heutige Kräuterkammerl ist eine weit über Rosenheim hinaus bekannte Pilgerstätte für Liebhaber und Kenner des jahrhundertealten, aber wirksamen Kräuterwissens. „Es gibt sogar Kinderärzte", weiß Apotheker Herterich, „die von uns hergestellte Hustenguterl verschreiben, ganz normal auf Kassenrezept!" Insgesamt stellt die Alte Apotheke noch 20 eigene Präparate her, was ganze Apotheken-Besatzungen von überallher zu seinen Führungen lockt. „Wir wollen hier bei uns auch die klassische Pharmazie darstellen, solange wir uns die noch leisten können!" Danach sieht es aber aus: Die Alte Apotheke ist ein begehrter Ausbildungsbetrieb, Personalsorgen hat sie keine, und zur Not gibt's ja noch das Kräuterkammerl.

· ·

◉ Rieder'sche Alte Apotheke, Ludwigsplatz 21, 83022 Rosenheim
www.alteapotheke-rosenheim.de
◉ ÖPNV: alle Linien, Haltestelle Stadtmitte

Gegen Alles im Leben
ist ein Kraut
gewachsen

bitte
läuten

looops
KERZEN

In 2 Minuten bei 300 Grad

25 *Schon ewig in Rosenheim: Ristorante Cortina*

„Wir könnten mal wieder zum Italiener gehen." Wenn in der Familie dieser Satz fällt, sind meist Vorfreude und gute Laune angesagt. Gründe dafür muss man nicht lange suchen, die Kinder freuen sich auf ihre Lieblingspizza, und allen anderen liegt auf der Zunge, was sie schon lange mal wieder schmecken wollten. Das Rosenheimer Angebot ist groß, ob Trattoria, Espresso-Bar, Pizza-Pasta-Bistro oder das klassische italienische Restaurant. So wie das Cortina, ein Ristorante, das es nun schon 35 Jahre in Rosenheim gibt. Die besagte Familie nimmt sich besser noch ein paar Freunde mit, dann freut sich Wirt Erdo über die familiäre „italienische" Stimmung am Tisch, die er so gerne mag.

Begegnet ist sie ihm erstmals in der Familie Bresta, den Gründern des Cortina, als er in den 1990er-Jahren als junger Kosovo-Flüchtling bei ihnen als Kellner anfing. Für eine Kochlehre reichte damals das Geld nicht, doch sein Traum, einmal Wirt eines klassischen italienischen Restaurants zu sein, erfüllte sich dennoch, als er 2007 das Cortina übernehmen konnte. Dessen Zentrum, optisch und atmosphärisch, war immer schon der große gemauerte Pizzaofen mit der Kuppel. „Den heizen wir nur mit Buchenholz", betont Erdo. „Bei 300 Grad ist die Pizza dann in zwei Minuten fertig, also genau richtig!" Genau richtig heißt für ihn auch: weiße gestärkte Tischdecken, feine Gläser und Besteck, kein Dekokitsch und ein Top-Service. Zugleich ist die Atmosphäre aber angenehm locker, Italienisch ist die „Amtssprache", und Küchenchef Giorgio beherrscht die nicht überladene Karte perfekt. Soll heißen: Es schmeckt rundum alles!

„Wir importieren ja auch alles aus Italien, angefangen beim Mehl für die Pizza", sagt Erdo, „nur das Fleisch kommt aus Bayern, ist einfach besser!" Doch bei der Leidenschaft fürs Essen, meint er, könnten sich manche bei den Italienern eine Scheibe abschneiden. Es folgt ein Schritt zur Schneidemaschine an der Theke und ein freundliches: „Hier bitte, San-Daniele-Schinken, ganz frisch!"

TIPP *Ums Eck, Am Salzstadel 14, gibt es „Pasta per tutti", hausgemacht.*

● **Ristorante Cortina, Nikolaistraße 10, 83022 Rosenheim**
www.cortina-rosenheim.de
● **ÖPNV: alle Linien, Haltestelle Stadtmitte**

Den Süden schmecken

26 *Das Cavallo Genusshaus in Rohrdorf*

Wir sind am rechten Inn-Ufer von Rosenheim Richtung Berge unterwegs und passieren kurz vor Thansau ein einzeln gelegenes großes Bauernhaus mit einem für Landwirtschaft ungewöhnlich vollen Parkplatz. Den steuern wir an, und schon klärt sich die Sache: „Cavallo Genusshaus" steht unübersehbar an der Giebelwand. Vom Eck links hinten kommen fröhliche Stimmen, besetzte Tische unter Markisen, Musik aus der offenen Tür, „Bar" steht darüber, fast wie in Italien! Wir haben Glück, denn heute ist Donnerstag, und nur an diesem Tag werden hier ab sechs Uhr abends italienischer Wein verkostet und hausgemachte Antipasti serviert. Genusshaus, das haben wir verstanden, aber warum Cavallo?

„Mehr ein Zufall", erzählt Cavallo-Chef Roland Jugl, „das Logo mit dem Pferd gab es schon, als wir noch ein Töpfereibetrieb waren und wegen unserer Rohstoffe oft in Italien unterwegs waren." Eine damals entdeckte Höhlenmalerei lieferte die Pferdesilhouette, nicht ganz so forsch wie die von Ferrari, doch sie gefiel ihm. Aus dieser Zeit stammten auch die Kontakte zu Winzern und Kaffeeröstern, und weil das Geschäft mit der Töpferei gerade schwächelte, entschloss sich der Italien-Kenner, künftig weniger auf Gefäße, sondern mehr auf deren Inhalt zu setzen. Nach einem gelungenen Umbau des alten Hofes gab es dann ab 1994 im Cavallo den Süden in Reinkultur zum Schmecken, Riechen und Genießen.

„Unser Dreiklang heißt: Wein, Espresso, Feinkost!" Also auch Pasta, Öle, Gewürze, Oliven, Süßes, Spirituosen und vieles mehr. Die Weine in den endlosen Regalen sind edel, vielfältig und nicht nur hochpreisig, der Espresso wird extra für Cavallo in Italien geröstet, und Balsamico gibt es in Varianten vom Fass. Alles umgeben von edlen Gläsern, Geschirr, Küchengeräten und Messern, eben das, was Hobbyköche, Feinschmecker und Genussmenschen so brauchen. Besondere Kochbücher inklusive. Cavallo macht aus alldem auch berühmte Geschenkpakete, doch den geliebten Süden so gut wie im Original vor Ort mitzunehmen, erst das macht glücklich!

Cavallo Genusshaus, Rosenheimer Straße 91, 83101 Rohrdorf (Thansau)
www.casa-cavallo.de
ÖPNV: Bus 9494, Haltestelle Thansau Schwalbenstraße

Die Yacht für jedermann

 Faltboote im Rosenheimer Klepper-Museum

Rosenheims größter Arbeitgeber hieß einmal Johann Klepper, als Hersteller von Faltbooten genießt er bis heute Weltruhm. Manche halten ihn fälschlicherweise sogar für deren Erfinder, was mit der Qualität dieses nostalgischen Wasserfahrzeugs zusammenhängt. Erfinder und Hersteller hatten allerdings miteinander zu tun, denn beide zusammen verhalfen der „Yacht im Rucksack" zu ihrem Erfolg. Die wurde noch bis in die 1980er-Jahre in Rosenheim fabriziert, doch auf dem Gelände mit den alten Hallen erinnert heute nur noch das Klepper-Museum an frühere Glanzzeiten.

Die begannen im Mai 1905 auf einer Isar-Kiesbank bei Bad Tölz, als der Architekturstudent Alfred Heurich dort etwas Seltsames zusammenbaute. Aus diversen Stangen, Querhölzern, ledernen Schlaufen sowie einem Segeltuchschlauch mit Sitzöffnung entstand das erste Faltboot. Elegant war es nicht, aber es trug den mutigen Paddler auf dem hochgehenden Fluss bis nach München, wo er nach fünf Stunden nass, aber wohlbehalten anlegte. Sein Abenteuer sprach sich herum, alle wollten so ein Boot haben,

TIPP *Inspiriert? Dann ein Besuch beim Prijon Sportshop, Innlände 6, dort gibt es manchmal auch Faltboote!* und der Schneidermeister Johann Klepper witterte sein Geschäft. Heurich wurde sein Kompagnon, Bootshaut und Gerüst wurden optimiert, und ab den 1920er-Jahren bevölkerte eine wachsende Schar amphibischer Wandervögel die Flüsse und Seen Europas und der Welt.

Klepperboote gelten bis heute als unverwüstlich, darum sind im Museum viele fahrbereite Uraltboote zu sehen, dazu Gerüste, Zubehör und die bunten Beispiele vergangener Freizeitwerbung. Im ersten Stock einer alten Produktionshalle tauschen sich Seniorpaddler über ihre Paddelabenteuer von früher aus, doch auch junge Faltboot-Fans kommen neugierig hier vorbei. Klepper baut zwar aus Kostengründen weiter in Osteuropa, doch auch neue Hersteller zeigen auf Outdoormessen ihre faltbaren Bootsideen. Die meisten sportlich-elegant, andere erinnern an Boote im Museum. Doch alle schwimmen – wo immer man sie einsetzt.

● **Klepper-Museum, Klepperstraße 18, 83026 Rosenheim**
www.kleppermuseum.de
● **ÖPNV: Bus 3, Haltestelle Klepperstraße**

Badeglück fast privat

28 *Am Rinssee und Hofstätter See*

Wenn die Rosenheimer Lust auf Badetage an einem „richtigen" See haben, dann machen sie sich auf zum Chiemsee, vielleicht auch noch zum Simssee. In beiden Fällen verpassen sie aber ein viel näher liegendes und entspannteres Badeparadies. Nicht überlaufen, weiches, warmes Wasser, Bauernhöfe rundum und viel Natur, kurz: zwei Seen mit Charakter. Dafür muss man gerade mal den Inn überqueren, sogar mit dem Radl ist das Ziel kein Problem.

Der Hofstätter See und gleich daneben der Rinssee sind zwar keine wirklichen Geheimtipps mehr, haben aber immer noch den entsprechenden Charme. Ihr Wasser ist bereits früh im Jahr recht warm, hat die typische Anmutung von Moorseen und bietet eine Wasserqualität, die nach EU-Einstufung sogar mit drei Sternen zertifiziert ist. So jedenfalls steht es im Kiosk-Aushang zu lesen, wenn man den Rinssee-Badeplatz über die Straße von Prutting nach Söchtenau erreicht hat. Das ist einer jener Plätze, die schon beim Näherkommen eine Ruhe ausstrahlen, die Badetage zu glücklichen Tagen machen kann. Bescheiden, sauber, naturbelassen, eine Wiese mit Kiesstrand, Sonne oder Schatten nach Wunsch. Und gleich gegenüber als Schwimmziel das Pendant, diesmal ohne Kiosk, dafür mit viel Platz unter alten Bäumen. Einfach traumhaft!

Vom Rinssee braucht man mit dem Radl gerade mal 15 Minuten bis zum Hofstätter See, der um einiges größer und an den meisten Stellen von Wald umsäumt ist. Am Ostufer, hinter Bäumen verborgen, wissen die Kenner das verwunschene alte Strandhaus, wo der Pächter und Fischer am Samstag bei schönem Wetter manchmal Steckerlfisch grillt. Auf Naturterrassen stehen Bierbänke und Tische, ein paar Sonnensegel sind gespannt, Brotzeiten und Getränke gibt es am Kiosk. Und so lassen sich mit den Füßen im Wasser und einem Bier in Griffnähe auch hier Sonnenuntergänge genießen. Die sind vielleicht nicht so spektakulär wie am Chiemsee, doch dafür sind die glücklichen Genießer hier unter sich.

○ Strandhaus Hofstätter See, Forst 3, 83134 Prutting
○ www.badekiosk-team-chiemgau.de

Drei Zentimeter unter null

29 *Eislaufen im Rosenheimer Rofa-Stadion*

Wie schwerelos übers Eis seine Bahnen ziehen, in Kurven mal vorwärts, mal rückwärts, allein, zu zweit oder mit anderen einem Puck hinterherjagend – es muss ein echtes Glücksgefühl sein, das zu können! Denkt sich der Autor und Nicht-Eisläufer, als er die vielen fröhlichen Gesichter sieht. Doch damit fängt man am besten, wie jeder weiß, richtig früh an, so wie die „Zwergerl", die sich gerade auf dem Eis tummeln, vermummt und behelmt, manche noch zaghaft, andere dagegen wie entfesselt.

Eismeister Konrad Weiss gönnt sich gerade eine Pause, in der „Zwergerl-Stunde" haben andere die Aufsicht, und er kann ihnen zuschauen. „Da gibt es welche, gerade im Verein, die laufen schon, bevor sie in die Schule kommen", erzählt er voll Begeisterung. „Das geht wie automatisch, die sind rückwärts schneller als manche vorwärts!" Wenn er Verein sagt, meint er die Rosenheimer Starbulls, wie der aktuelle Oberliga-Verein seit 20 Jahren heißt. Eishockey wird in Rosenheim aber schon viel länger gespielt. Das Stadion, in dem wir gerade dem öffentlichen Eislaufen zusehen, wurde 1962 eingeweiht, zunächst noch offen und ohne Dach. Das folgte zehn Jahre später, und unter seiner Kuppel spürt man heute noch den speziellen Charme der Siebziger. Mit dem Sponsor wechselten Stadion und Verein mehrfach ihren Namen, in den 80ern kam sogar der Deutsche Eishockey-Meister drei Mal aus Rosenheim.

Eismeister Weiss, Angestellter der Stadt und natürlich Starbulls-Fan, ist seit 31 Jahren verantwortlich für die 1800 Quadratmeter Eisfläche und erklärt stolz: „Gerade mal drei bis fünf Zentimeter dick ist das Eis, aber unsere Qualität ist in Deutschland führend!" Die Profis schätzen das, und das große Publikum strömt von August bis Ostern ins Stadion – „80.000 waren es letztes Jahr!", so der Eismeister.

In Rosenheim hat man offenbar bedacht, dass hier viele glückliche Menschen das Eislaufen gelernt haben, und hat deshalb Eintritt und Schlittschuh-Ausleihe niedrigpreisig gehalten. Schulklassen zahlen gar nichts.

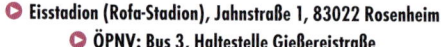

⊙ Eisstadion (Rofa-Stadion), Jahnstraße 1, 83022 Rosenheim
⊙ ÖPNV: Bus 3, Haltestelle Gießereistraße

Indikation Stress?

30 *Therapie im Kräutergarten von Johann Rieder*

So kann eine Mittagspause im Rosenheimer Stadtzentrum aussehen, entspannt und zufrieden, was allein der Stadtapotheker Johann Rieder möglich gemacht hat. Er legte anno 1729 in Sichtweite der Pfarrkirche St. Nikolaus einen Kräutergarten an und bepflanzte ihn nach einem streng geometrischen System, das ihm das Auffinden der heilenden Kräuter erleichtern sollte, je nach Indikation. Stress hieß damals sicher anders, dagegen wird Johann Rieder neben Baldrian wohl die gute alte Pause verordnet haben. Am Ludwigsplatz steht heute noch seine „Rieder'sche Alte Apotheke" mit dem berühmten Kräuterkammerl, einem Gewölbe, in dem aus Hunderten von Kräutern und Gewürzen Tees gegen jedes Übel gemischt werden und wo allein schon die Düfte eine heilsame Wirkung entfalten (siehe Seite 54).

Im Jahr 1925 war es dann ein Nachfahre, Geheimrat Hermann Rieder, der im typischen Rosenheimer Gemeinsinn seinen privaten Garten den Mitbürgern als Stadtpark und grüne Oase vermachte. Herzstück ist heute, ganz nach dem alten Muster, wieder der „Apothekergarten". Dafür sorgte auch 2010 die bayerische Landesgartenschau, die viel für das heutige Gesicht des Gartens direkt neben dem Zentrum der Altstadt getan hat: prächtige Rosenbeete, schattige Winkel, gepflegte Wege und sonnige Bänke am wiedergeöffneten Stadtbach. Alpines und tropisches Grün, daneben beeindruckend alte Baumexoten, dazwischen Palmen, Statuen und Brunnen, und vom südlichen Eck an der Kaiserstraße hört man vom Spielplatz fröhliche Kinderstimmen.

Wer an einem warmen Sommertag durch den Park streift, trifft schon mal auf eine Schar von ihnen, hingelagert auf Picknickdecken und gespannt einer Geschichtenerzählerin lauschend. Das ist dann die Vorlesestunde der Stadtbücherei. Ein paar Schritte weiter gleich noch eine Idylle: „Schau mal da!", sagt die junge Mutter und zeigt ihrem Töchterchen im Gebüsch ein Amselnest, wo gerade die Jungen gefüttert werden. So geht erwünschte Nebenwirkung, mit ihrem Apotheker haben die Rosenheimer Glück gehabt!

• •

Riedergarten, Rathausstraße, 83022 Rosenheim
ÖPNV: alle Linien, Haltestelle Stadtmitte

Im Herzen der Stadt

 31 *Die Stadtpfarrkirche St. Nikolaus*

Es soll Kirchen geben, aus denen man anders herauskommt, als man hineingegangen ist. Wer Glücksorte in einer Stadt wie Rosenheim sucht, sollte deshalb an Kirchen nicht vorbeigehen, zumal es davon hier ein paar ganz spezielle Exemplare gibt. Die größte, nicht zu übersehende ist die 700 Jahre alte Stadtpfarrkirche St. Nikolaus. Der gängige Ausdruck für ihre Lage wäre „im Herzen der Stadt", was in diesem Fall doppelt gültig ist, denn die Rosenheimer lieben ihre „Nikolaikirche". Wer von ihnen den Max-Josefs-Platz eilig und in Geschäften überquert oder auch nur müßig flaniert, schaut meist kurz hinauf zum romanischen Turm, der mit seiner barocken Zwiebel über die stolzen Fassaden hinweg zurückblickt. Da fühlt der Rosenheimer sich beschützt und nicht etwa beobachtet.

Für ihn ist es kein unbedingt frommer Brauch, im Vorbeigehen für eine Weile bei der Nikolai Besuch zu machen, um von ihrer Atmosphäre etwas für den Tag mitzunehmen; im schlichten Säulenwald unter dem gotischen Sternrippengewölbe bleibt der hektische Alltag draußen. Die in Oberbayern so verbreitete Barockisierung hat hier nicht stattgefunden, auch die Neugotik vom Ende des 19. Jahrhunderts ist nur an Teilen der Außenfassade zu sehen. Was heute auf jeden Besucher wirkt, ist das Licht der farbenfrohen „gotischen" Fenster, die in der Vielfalt ihrer Farben und Ornamente eine zeitlos positive Magie ausstrahlen.

TIPP *Jeden Samstag ab 12 Uhr: „Orgelmusik zur Mittagszeit", für jeden frei! Da spielen schon mal Organisten aus aller Welt, die lieben die Orgel!*

Die Rosenheimer haben sie quasi mitgestaltet. Bei der letzten Renovierung zwischen 2004 und 2008 wurden die Fenster des Glasgestalters Karl-Martin Hartmann ausschließlich aus ihren Spenden finanziert. Als Sehenswürdigkeit ziehen sie inzwischen Besucher aus aller Welt an, und wer von ihnen genug Zeit hat, verabredet mit dem Pfarrbüro eine Turmbesteigung. Den Blick aus rund 60 Metern auf ein weltoffenes Rosenheimer Mittelalter haben sie gemeinsam mit einem dort glücklich nistenden Turmfalken-Paar.

Stadtpfarrkirche St. Nikolaus, Ludwigsplatz, 83022 Rosenheim
ÖPNV: alle Linien, Haltestelle Stadtmitte

Livemusik im Wohnzimmer

32 *Die Jazz-Club-Legende Le Pirate*

Der Club ist schon ewig kein Geheimtipp mehr, schaut aber immer noch so aus: ein versteckter Eingang am Ludwigsplatz, die schmale Stiege in den ersten Stock bis zur grünen Stahltür und dahinter: Le Pirate. Die Legende von einem Jazz-Club wird bald 50, doch viel hätte nicht gefehlt und der Pirat wäre kurz vorher gestrandet. Denn nach 45 Jahren hörte die Gründerin Petra Rose auf. Der erste Pächterwechsel misslang, der zweite war die pure Selbstausbeutung eines Jazz-Verrückten im Nebenerwerb. Es folgte ein Förderverein, doch der hatte Pech mit dem Kassierer. Zum Glück fanden sich Ende 2019 ein paar Jazz-Liebhaber auf der Suche nach einem Club-Lokal, darunter ein Sternekoch. Der übernahm engagiert das Steuer, und die Rosenheimer Jazz-Fans konnten aufatmen. Sobald der Pirat erneut flott ist, wird es auf der Minibühne auch wieder Konzerte geben, und man hört von Plänen, das 36-Plätze-Lokal mit einer Tapas-Bar aufzurüsten.

Selbst in der Pächter-Krise blieb das Konzert-Programm erstklassig. Denn nicht nur beim Publikum hat Le Pirate einen Ruf, sondern auch in der internationalen Jazz-Szene. Für viele der heute großen Namen war der Pirat mal die Startrampe, und Mulo Francel von Quadro Nuevo prägte den Ausdruck „Rosenheimer Jazzwohnzimmer". Er kommt, wie viele andere Große, immer noch regelmäßig; die vielen Star-Fotos an den Wänden erzählen Geschichten vom großen Wohlfühlen auf der kleinen Bühne. Dazu Bistrotische, dunkles Holz, die breite, gut bestückte Bar, heimelige Enge mit breiter Fensterfront auf die Altstadthäuser – unverwechselbar!

Der Neue wird daran nicht viel ändern, auch wenn eventuell Kleinkunst und Kabarett dazukommen. Bleibt die Frage, wie der Club zu seinem Namen kam. Die Legende spricht von George, einem Weltenbummler aus Frankreich, der Gründerin Petra Rose beim Aufbau und auch sonst zur Seite stand. Seine Erfahrung: Die besten Kneipen mit der besten Musik heißen weltweit „Le Pirate", warum also nicht auch in Rosenheim? Der Name scheint Glück zu bringen.

Jazz-Club Le Pirate, Ludwigsplatz 5, 83022 Rosenheim
www.lepirate-rosenheim.de
ÖPNV: alle Linien, Haltestelle Stadtmitte

Musik hat viele Saiten

33 *Der Gitarrenladen Musik Humbach*

Eigentlich war er ja an der klassischen Konzertgitarre ausgebildet, doch in den Siebzigern führte in Rosenheim auch für Otto Humbach kein Weg an der explosiven Rockmusik-Szene vorbei. Die E-Gitarre feierte gerade überall ihre Triumphe, und der junge Otto aus Niederbayern war mittendrin. Doch irgendwann fiel ihm auf, dass es weit und breit keinen gescheiten Laden gab, in dem er und seine Musiker-Freunde Instrumente, Noten und all das Equipment für ihre Gigs finden konnten. Kurz entschlossen machte er selbst einen Laden auf, und der ist heute eine Institution.

Er holte seine Frau mit ins Boot, die rasch entdeckte, dass es nicht nur die Gitarre gab, und sich deshalb auch um andere Musiker kümmerte. Inzwischen hatte ihr Mann Otto seine Lust am Weitergeben entdeckt und eine private Musikschule für Gitarre gegründet. Beide waren zu der Zeit in Rosenheim auch als Veranstalter von klassischen Gitarrenkonzerten bekannt, „das war die Zeit der großen Spanier", erinnert sich Tochter Andrea, die heute den Laden führt. Es ist kurz vor Weihnachten und gerade viel los, ins Auge fallen die langen Reihen der Fender-Stratocaster; in allen Varianten hängt die weltberühmte E-Gitarre überall, wo Platz ist. Knüpft sie da an Papas Rock-Vergangenheit an? „Irgendwie schon, auch als Veranstalter. Wir bringen regelmäßig internationale Rockmusiker zu Konzerten nach Rosenheim."

TIPP Bei Humbachs Raritäten-Auktionen gibt es immer wieder Schnäppchen aus der klassischen Rock-Ära.

Als Gitarrenlehrerin kennt Andrea natürlich die beiden E-Gitarren-Lager: Wer eine Stratocaster von Fender spielt, nimmt niemals eine Les Paul von Gibson, und umgekehrt. Vater Otto führt zwar einen Les-Paul-Webshop für gebrauchte Instrumente, doch Andrea ist vor allem wichtig, dass die Leute ihr persönliches Instrument finden. Vor Kurzem waren das ein paar schöne Bongos, auch so etwas gibt es bei Humbach. „Zusammen mit der glücklichen Kundin habe ich mich über ihr Instrument gefreut", lacht Andrea, „auch wenn das mal keine Saiten hatte."

▶ **Musik Humbach, Papinstraße 7, 83022 Rosenheim**
www.musik-humbach.de
▶ **ÖPNV: alle Linien, Haltestelle Rosenheim Bahnhof**

Biergarten mit Charakter

34 *Die Vetternwirtschaft und ihr Verein*

Von einem „Verein für bodenständige Kultur e. V." erwartet man Traditionelles, wie Maibaumaufstellen, Blasmusik und Bierfest. Doch in Bayern kann man sich darauf nicht unbedingt verlassen. Ein Verein mit diesem Namen, gegründet 1980, sorgt seitdem für Auftritte angesagter Punkbands oder richtig harter Rockmusik, und das in einem leicht verwilderten Biergarten, wo es nur Pizza und keinen Chef gibt, während auf der Bühne im Vereinslokal schon mal hochwertigste Theaterprojekte stattfinden oder kulinarische Events, bei denen Migranten exotisch aufkochen. Für Rosenheim-Kenner gibt es nur einen Ort, wo sich die Klischees derart ohne Scheu mischen dürfen: die Vetternwirtschaft oder die „Vettern".

In der Vereinssatzung heißt es: „Kultur ist Tradition und etwas Lebendiges. Zu unserer Tradition gehört die Offenheit gegenüber jeder lebenden Kultur." Solche Sätze sind es, die Thomas Dohle seit vielen Jahren im Vorstand bei der Stange halten. Für ihn ist die „Vettern" eine Plattform für kulturell Engagierte aller Art. „Auch junge Leute", weiß er aus Erfahrung, „haben bei uns die Möglichkeit, mal eigene Projekte durchzuziehen!" Und bei den Etablierten aus Musik und Kabarett hat die „Vettern" sowieso ihren besonderen Ruf! Was sicher auch am Publikum liegt, sonst würde der Münchner Theatermacher Dominik Frank kaum Musils „Mann ohne Eigenschaften" gerade hier als mehrteiliges Projekt auf die Bühne bringen.

Jetzt aber bitte keine falschen Bedenken! An Sommerabenden ist der Biergarten als grüne Oase mitten im Gewerbegebiet für jeden ideal zum Entspannen: Spielplatz für die Kinder, Kunstobjekte im Schatten von Ahorn und Linden, weiter hinten ein Lagerfeuerplatz. Bayerisch familiär geht es zu, und weil auch der Wirt ehrenamtlich ist, überhaupt nicht kommerziell. Deshalb gibt's auch nur Pizza, aber die ist super! Das Gespräch geht womöglich ums nächste Veranstaltungsprogramm, zuhören oder mitratschen? Egal, das Bier ist gut, und der Maibaum darf gerne ein bissl anders ausschauen.

··

Vetternwirtschaft, Oberaustraße 2, 83026 Rosenheim
www.vfbk.net
ÖPNV: Bus 8, 9, Haltestelle Äußere Münchner Straße

100 Gramm vom Besten

35 *Strehles Vegetarisch-Vegane Mittags-Kantine*

In diesem Hinterhof war schon immer alles anders. Hier hatte sich zum Beispiel einer der ersten Rosenheimer Bioläden angesiedelt, in einer Zeit, als die noch zu den Exoten zählten. Was sich seit 2007 hier abspielt, fällt zwar auch aus der Reihe, doch die Mittagsgäste von Strehles Organic Soulfood sehen sich bestimmt nicht als Exoten. Dafür ist das Bewusstsein für gesunde und nachhaltige Ernährung doch schon zu normal geworden. Auch Vegetarier und Veganer haben immer bessere Argumente und vertrauen selbstbewusst auf die Überlegung „Wird sich schon herumsprechen!". Torsten Strehle hilft dabei gerne mit.

Auch wenn eilige Büromenschen und Geschäftsleute aus der Innenstadt in ihrer knappen Mittagspause schon mal Gäste mitnehmen, ist der Hinterhof durchaus eine Adresse. Strehles Vegetarisch-Vegane Kantine hat ein besonderes Flair, und schnell geht es auch noch. „Was ich hier biete?", fragt der Wirt. „Ich sag mal so: gesundes Fastfood." Das ist bewusst bescheiden formuliert, denn sein Büfett hat einen beachtlichen Ruf. Zwischen 11 und 15 Uhr ist richtig viel Betrieb, bei Selbstbedienung bleibt auch meist noch Zeit für einen Espresso oder ein Glas Wein. Dann hört man Stimmen wie: „Bin Fleischesser, aber mittags immer wieder mal hier. Schmeckt und ist leicht, verhindert den Büroschlaf!"

Torsten Strehle ist Überzeugungstäter. Nicht nur dass sein Büfett ausgesuchte Bioqualität bietet, er beliefert mittags auch Schulen und Firmen, und sein Weg, keine Nahrungsmittel wegwerfen zu müssen, ist originell und effektiv. „Bei mir sind immer alle Teller leer!" Seine Gäste zahlen nämlich nach Gewicht: 100 Gramm, egal von was, haben einen sehr stimmigen Einheitspreis. „Und so packt sich kaum einer mehr auf, als er essen mag!" Für ihn ist klar: Vegetarier und Veganer erobern die Zukunft, und damit das alles schön entspannt passiert, gibt es bei ihm auch monatliche Musik-Events. So Sachen wie Jazzrock mit „Embryo" oder den Slam-Poeten Bumillo. Pralles Leben im Hinterhof, ganz fleischlos!

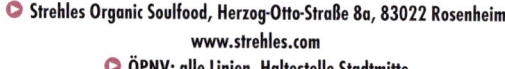

Strehles Organic Soulfood, Herzog-Otto-Straße 8a, 83022 Rosenheim
www.strehles.com
ÖPNV: alle Linien, Haltestelle Stadtmitte

Glücksschritt nach Süden

36 *Seit fast 60 Jahren Gabor-Schuhe in Rosenheim*

Glücksgriff ist bei einem Schuhersteller ein eher schiefes Bild. Dann doch lieber Glücksschritt, ein mutiger noch dazu: der Umzug einer kompletten Firma samt Belegschaft, 1966 von Barmstedt bei Hamburg nach Rosenheim. Glück für Gabor wie für die Rosenheimerinnen, denn für sie hieß das: Arbeitsplätze und zugleich elegante Schuhe! Die Rosenheimer Herren ließ damals das Erscheinen von Gabor erst einmal kalt, elegante Schuhe sind nun mal ein Thema für die Damen. „Schuhe kaufen", meint Carina Höckh, „ist für Frauen oft schon ein emotionaler Moment." Das mit der Eleganz haben die Leute vom heutigen Weltunternehmen Gabor ohnehin gut im Griff, und um das zu beweisen, führt mich die junge Dame von der Presse-Abteilung durch das Gabor-eigene Schuhmuseum. Das hat nun überhaupt nichts Museales oder gar Angestaubtes, denn in dem modernen, frei stehenden Holzpavillon treffen sich, optisch raffiniert umgesetzt, Schuhmode und Zeitgeschichte der letzten 100 Jahre.

Auf dem Firmengelände liegt dieses schicke Museum zufällig direkt am Weg zum Gabor-Outlet: für Frau das heimlich geplante Ziel, wo sie die allerneuesten Modelle zu finden hofft. Der Herr in Begleitung entdeckt dagegen spontan seine kulturellen Interessen, für die er sich dann im Museum richtig viel Zeit lässt. Dabei erfährt er nebenbei, warum es die beiden Söhne des Gabor-Gründers in den Süden zog, nachdem sie zu DDR-Zeiten ihre Maschinen von Thüringen nach Barmstedt geschmuggelt hatten. In Rosenheim waren sie näher an den Lederlieferanten in Italien und den europäischen Exportmärkten. Den „Exodus" der Mitarbeiter aus dem Norden fingen sie mit Werkswohnungen auf, die heute als Studentenwohnheim dienen.

Der Herr Museumsbesucher möchte danach gerne seine frischen Erkenntnisse über Kultur und Kommerz loswerden, doch im Outlet lässt ihn seine glücklich gestimmte Begleiterin nicht zu Wort kommen. „Schau mal, die haben jetzt auch eine todschicke Herrenlinie, Pius heißt sie!" Wie Pius Gabor, der Firmengründer von 1919.

● Gabor Outlet, Marienberger Straße 31, 83024 Rosenheim
www.gabor.de
● ÖPNV: Bus 1, Haltestelle FH (Hochschule)

Stufenlos kreativ

37 Der Gürtelschnallen-Herzog

Die meisten gehen achtlos an seinem leicht verloren wirkenden Schaufenster vorbei, auf diesem Teil der Kaiserstraße sind die Altstadthäuser nämlich wenig herausgeputzt. Doch Sigurd Herzog ist mit der Lage zufrieden. Seine Ladentür erreicht man nach zwei Stufen gleich rechts in einem düsteren Treppenhaus. Für manche ist sie die Pforte zur Verheißung, denn hier, so haben sie gehört, kann endlich jemand ihren Wunsch erfüllen. Nach etwas Alltäglichem, das aber etwas ganz Besonderes werden soll: eine persönliche Gürtelschnalle!

Gürtel gehören im Grunde zum „Weltkulturerbe", es gab sie immer schon, Sagen und Mythologie sind voll von ihnen. Ohne seinen Gürtel war der nordische Gott Thor kraftlos, und Aphrodite bei den Griechen verdankt den besonderen Liebreiz nur ihrem Gürtel. Welche sagenhaften Verschlüsse sie dabei benutzten, ist nicht überliefert, Sigurd Herzog kann dagegen genau erklären, wie sein Schnallen-Prinzip funktioniert: stufenlos und ganz ohne hässliche Löcher im Leder. Doch nicht daher rührt sein Ruf quer durch die Republik, es sind seine qualitativ sagenhaften und höchst individuellen Gürtel und Schnallen! Für den gelernten Goldschmied gilt dabei das Prinzip der absoluten Handarbeit, und genau danach sieht es in seiner Werkstatt auch aus. „Ein bisschen staubig gerade", entschuldigt er sich, „das kommt von der Poliermaschine."

Wer seine „Kunst- und Wunderkammer" betritt, weiß sofort: Hier regiert ein lässiger Umgang mit der Zeit, wie man das aus Künstlerateliers kennt; und Kunstwerke sind sie alle, die vielen Hundert Gürtelschnallen in Herzogs dickem Katalog. Aus Kundenwünschen wurden nach viel Beratung und aus edlen Metallen Schmuckstücke, die dem stolzen Besitzer auch mal Dreistelliges wert sind. Jäger-, Biker- und Western-Motive, alles ein Männerthema? „Überhaupt nicht!", betont Herzog; wie zum Beweis betritt eine Kundin die Werkstatt und ist glücklich, als er ihr die defekte Gürtelschnalle mit genau den Schräubchen fixiert, die sich nie wieder lösen werden.

· ·

🔘 **Gürtelschnallen Herzog, Kaiserstraße 17, 83022 Rosenheim**
www.guertelschnallen-herzog.de
▶ **ÖPNV: alle Linien, Haltestelle Stadtmitte**

Tradition ist beweglich

38 *Mamma Bavaria – Heimat für Schmuck und Mode*

Das muss man sich trauen in Bayern: Die Trachten-Tradition als bewegliches Gut selbst in die Hand nehmen, sie nach eigenem Gusto interpretieren, und das unter diesem irgendwie ehrwürdigen Namen! Florian Weidlich traute sich und hat mit „Mamma Bavaria" sogar Erfolg, an einem Ort, der Atelier, Werkstatt, Ausstellung und Shop zugleich ist. Florian war nicht einmal volljährig, als er sich 2004 in Rosenheim aufmachte, um die Welt zu entdecken. Als er nach sechs Jahren mit viel Erfahrung aus fremden Kulturen und einem neuen Blick für Details zurückkam, fehlte ihm etwas. Er nannte es sein „Heimat-Wohlgefühl", an dessen Stelle sich etwas Unechtes breitgemacht hatte, wie so manches oberflächlich fesche Auftreten beim Rosenheimer Herbstfest. Florian beschloss, dem Heimat-Wohlgefühl wieder einen Platz zu bieten.

Damit das Vorhaben gelang, nahm er einen für alle sichtbaren Weg, den über Schmuck und Mode. In Bayern zeigt man's halt gern, wenn man sich wohlfühlt, und der Florian kannte die barocke Natur seiner Landsleute. Sein Angebot von Wohlfühl-Glück braucht als Laden keine 1-a-Lage, den Erfolg hat er ohnehin mehr seiner Kreativität und der Lust am Kunsthandwerk zu verdanken. Ein guter Netzwerker ist er außerdem, denn um all die wertvollen Walkjanker, Lederhosen, Dirndl und Haferlschuh anbieten zu können, braucht man die richtigen Kontakte zu den Spezialisten. Doch er sitzt auch gerne selbst in seinem Schauraum an der Werkbank, als Schmuckdesigner und Goldschmied; Letzteres hat er bei Sigurd Herzog (siehe Seite 80) gelernt. Florians Schmuck-Kollektion der heiß begehrten „Gipfelkreuze" zeigt, dass sich da zwei verstanden haben. Bei „Mamma Bavaria" hat eindeutig die Tradition Pate gestanden. Zugleich aber strahlt Florians Laden bis ins Detail kreative Beweglichkeit aus, nichts bei ihm ist uniform, wie es manche Trachtler gern mögen. „Einige von ihnen schätzen meine Sachen", weiß Florian, „die streiten sich dann mit den anderen. Für mich ist das allerbeste Werbung!"

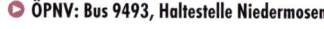

Mamma Bavaria, Eichenstraße 4, 83083 Riedering/Niedermosen
www.mama-bavaria.de
ÖPNV: Bus 9493, Haltestelle Niedermosen

Von ganz jung bis ganz alt

39 *Kaffee Innig in der Rosenheimer Innstraße*

Eine der größten Hürden bei Innenstadt-Verabredungen ist immer der Parkplatz. Sebastian Pyhrr hat davon einen ganzen Innenhof zu bieten, doch nicht nur deshalb wird sein Kaffee Innig in Rosenheim innig geliebt. Als neuer Gast ahnt man, dass da noch mehr ist, wenn man vom Parkplatz auf eine grüne Wand von mediterraner Botanik zugeht. Inmitten von Oleander und Zitronenbäumchen unter roten Schirmen öffnet sich ein gut besuchter „Biergarten", eingerahmt von ein paar hohen, verglasten und offenen Eingängen, die nach Werkstatt aussehen. Daneben lässig verteilte Tafeln, auf einer wird „Frühstück bis 15 Uhr" versprochen. Irgendwie verlockend, da gehen wir rein!

Der erste Blick bestätigt: Hier war mal eine Werkstatt, das zeigen die Leitungen und Rohre an den Wänden, die wiederum haben Glasbausteine statt Fenster, Durchgänge erschließen Nebenräume, ein Hallenboden wie für Gabelstapler und an der Decke Schienen, von denen elektrische Laufkatzen ihre Ketten baumeln lassen. Authentisches wurde sensibel renoviert, dazu passendes Licht, reichlich Platz, guter Küchen- und Kaffeeduft, das ergibt auf Anhieb Wohlfühlstimmung. Auf dem Werkstattboden Kuhfelle, an den Tischen ein Mix aus diversen Thonet-Stühlen, Schafspelze auf den Bänken, so geht alternative Behaglichkeit!

Und die wird rund, weil auch der Rest stimmt: Eine freundlich kompetente Bedienung, ein sehr guter Kaffee in allen denkbaren Varianten, die Frühstückskarte verspricht einen glücklichen Tag. Brotzeiten, Toasts, Tramezzini und Salate passen dazu, und es lohnt sich, einen Blick auf die Wandtafeln zu werfen. Die Tagesüberraschungen sind darauf handschriftlich so schön improvisiert angepriesen, dass allein die Lektüre Spaß und Appetit macht. Im Innig wissen sie seit 2011, wie Gastfreundschaft geht, und das honorieren die Rosenheimer, „von ganz jung bis ganz alt", wie sich Sebastian freut. Ab 20 Uhr gibt es im Innig gelegentlich auch Musik-Events, von Life-Bands bis zum Schallplattenabend, ganz authentisch auf Vinyl.

Café Innig, Innstraße 13, 83022 Rosenheim
www.innig-rosenheim.de
ÖPNV: alle Linien, Haltestelle Stadtmitte

Ein Herz für Speichen

40 *Cycle – Räder für Individualisten*

Ein Fahrradladen braucht zum Glück keine Kunden-Parkplätze, denn wer zum Cycle in die Weinstraße will, radelt entweder zügig vor oder ist gezwungen, sein Rad zu schieben. Wer Cycle suchen muss, bekommt schon am Ludwigsplatz einen Hinweis: ein nagelneues Lastenfahrrad, angekettet, mit Entfernungsangabe und in frohen Farben.

Den Laden des gelernten Diplom-Ingenieurs Wolfgang Haas gibt es jetzt seit 33 Jahren, seine Anfänge, mitten in der lebendigen Rosenheimer Altstadt, lagen also noch vor dem großen Radl-Boom. „Damals wurde das Rad noch nicht wirklich ernst genommen", erinnert sich Haas. E-Bikes waren noch unbekannt, und seine Spezialität, kalifornische Tandems von Santana, waren sowieso die absoluten Exoten.

Heute ist die Welt der Bikes eine andere. Wobei Cycle im Vergleich wenig E-Bikes anbietet, seine Tandems aber immer noch exklusiv importiert. Das war's aber schon mit der Exklusivität, denn Haas hält seinen Cycle-Laden für wirklich jeden offen, der irgendein Radl-Problem hat. Beweis: Die Werkstatt ist nicht im Keller, sondern hell und übersichtlich mitten im Laden, wo sich gerade ein Radl-Bastler die 16 Kugeln einzeln in die Hand zählen lässt, die er für sein Nabenlager braucht. Doch Haas und seine Leute kümmern sich genauso um ihre Langstrecken-Sportler, für die Rad und Ausrüstung maßschneidert werden. Die fuhren dann schon mal zur Olympiade nach Peking oder zur Fußball-WM in Südafrika. Auch einen Weltumradler betreut er, der jetzt schon vier Jahre im Sattel ist und sich regelmäßig in Rosenheim meldet.

Der Cycle-Laden ist voll mit den neuesten Hightech-Rennrädern aus Carbon, mit Cross-, Trekking-, City- und Mountainbikes in allen Farben, E-Bikes gibt es natürlich auch. Dazwischen die Reparaturaufträge mit den Abholzetteln. Haas: „Alte Räder von Victoria oder Adler sind auch mal dabei, bei guter Wartung sind sie unverwüstlich!" Apropos Wartung: Die Mama mit dem in der Weinstraße plötzlich platten Kinderwagenreifen hat Glück. Haas bleibt gelassen: „Das haben wir gleich!"

Cycle Fahrradtechnik Haas, Weinstraße 5, 83022 Rosenheim
www.fahrrad-ro.de
ÖPNV: alle Linien, Haltestelle Stadtmitte

Grüne Insel in der Stadt

41 *Die Fischküche*

Die Bänke vor der Tür und im Biergarten bieten viel grünen Kastanienschatten, Grün dominiert auch im Inneren, in Tönen, wie sie der Inn im Wechsel der Tageszeiten manchmal bietet. Es ist Mittag, wir treten ein und denken sofort: Hier hat es wohl schon immer so ausgesehen. Rau verputzte Gewölbe, hohe grüne Holzpaneele mit Bauernblumen-Dekor und Eisenhaken fürs G'wand, der Windfang am Eingang und die stattliche Schank, grün karierte Tischdecken und behagliche Polsterkissen auf den Bänken, alles atmet bürgerliche Rosenheimer Tradition. Das markante Eckhaus mitten in der Innenstadt hat 1905 der Münchner Architekt Franz Xaver Knöpfle erbaut, in einem Jugendstil der eher behäbigen Variante, wo einladend helle Plätze unter deckenhohen Sprossenfenstern dazugehören.

„Fischküche" steht in großen Lettern draußen an der Fassade, doch drinnen riecht es kein bisschen nach Fisch, seltsam. Auch der erste Blick auf die Speisekarte zeigt gerade mal vier Fischgerichte! Aufatmen bei den Fischverächtern, Gelassenheit bei den Stammgästen, denn die wissen,

TIPP *Der Biergarten ist urgemütlich, weil er halt so klein ist. Darum besser reservieren!*

was zu tun ist. Die Bedienung raunt ihnen auf Nachfrage mit Kennermiene zu, was gerade aus den Gewässern frisch reingekommen ist, von der Königsseeforelle zum Beispiel nur wenige Exemplare, die man besser gleich bestellt! Also ein Spezialitäten-Gasthaus, in dem auch der ganz normale

Leberkäs-Junkie satt wird? Das trifft es genau, hier wird quasi jeder glücklich! Und das hat Tradition.

Der erste Pächter und Wirt Benedikt Bierbichler war nicht nur ein genialer Weißbier-Brauer, sondern hatte ab 1909 im Hof zur Straße auch eine Fischhandlung. Der Name Bierbichler entlockt Weißbierkennern in Rosenheim nach wie vor zufriedene Seufzer, und die guten Kontakte zum frischen Fisch haben sich offenbar bis heute vererbt. Die Forelle aus der Pfanne ist ein Erlebnis, die Glocke der Küchenausgabe klingt nicht grundlos wie der Glückshafen-Hauptgewinn beim Rosenheimer Herbstfest.

▶ **Fischküche Rosenheim, Gillitzerstraße 10, 83022 Rosenheim**
www.fischkueche-rosenheim.de
▶ **ÖPNV: alle Linien, Haltestelle Stadtmitte**

Genuss für alle Sinne

42 Flower Power: Blumen-Laden und Waffel-Kaffee

„Wenn du vergnügt sein willst, umgib dich mit Freunden. Wenn du glücklich sein willst, umgib dich mit Blumen!" So sagt es ein japanisches Sprichwort. Bei Flower Power am Grünen Markt geht eigentlich beides. Denn hier mit Freunden bei Kaffee und Waffeln „mitten im Grünen" zwischen lauter Blumen und Pflanzen zu sitzen, das kann richtig gute Laune und, wenn alles passt, auch glücklich machen. Korbstühle und ein Bankerl im Laubengang, bunte Tische und Stühle draußen auf dem Platz, dazu der Blick auf das Markt-Publikum und ein guter Kaffee- und Waffelduft – lauter Verlockungen für die Sinne! Und die spielen fürs Glück keine geringe Rolle.

Angefangen hat es 2011 erst einmal mit den Blumen. Die Flower-Power-Frau Heidi Pütz fand in den Arkaden am Ludwigsplatz 12 einen kleinen Laden für eine Filiale ihres Blumen- und Floristik-Geschäfts. Als dann 2015 der direkte Nachbar frei wurde, stieg ihr Mann Markus kurz entschlossen mit ein. Er wollte schon immer mal etwas anderes machen, und so entdeckte er sein Talent fürs Kaffeebrühen und Waffelbacken. Die bietet er in diversen süßen Varianten an, und wer mittags am Grünen Markt mal keine Standl-Wurst mag, der holt sich beim Markus eine pikante Waffel, gerne auch fleischlos. Der Kaffee kommt von einem preisgekrönten Röster, und alle Zutaten für die Waffeln sind natürlich aus der Region.

TIPP Der Kaffee-Tipp für kühle Tage: Cappuccino und zwei Dinkelwaffeln mit heißen Kirschen!

Bei Heidi und ihren Floristinnen nebenan kann man auch Blumensträuße im Abonnement ordern, und manche Rosenheimer Firmen lassen sich sogar von Flower Power die Büros begrünen, regelmäßiger Pflegebesuch inklusive. Als das Unternehmen Jubiläum feierte, gab Heidi eine große Flower-Power-Party mit Musik aus den Siebzigern. Die kam so gut an, dass sie jetzt zweimal im Jahr wiederholt wird. Auf dem Rosenheimer Herbstfest sieht man schon mal Mädels mit Blumenkränzen im Haar, das lernen sie im Kurs bei Heidi, zum Beispiel für Junggesellinnen-Abschiede. Eben Flower Power, die passt auch gut zum Dirndl.

Flower Power, Ludwigsplatz 12, 83022 Rosenheim
www.flowerpower-rosenheim.de
ÖPNV: alle Linien, Haltestelle Stadtmitte

In Ruhe zurückschauen

 43 *Das Städtische Museum Rosenheim*

Der Begriff Zeitreise war noch unüblich, als die Mitglieder des Magistrats 1896 beschlossen, ein Städtisches Museum zu gründen. Doch genau eine solche Reise wird den Besuchern des historischen Mittertors möglich gemacht. Und weil Rosenheims Stadtgeschichte zum Glück nie direkt von Herrschergeschlechtern samt Burg oder Schloss geprägt wurde, geht diese Reise in eine zutiefst bürgerliche Vergangenheit. Fluss-Schiffer, Handwerker, Händler und ihre Märkte, Brauer und ihre Gasthäuser, sie bestimmten für Jahrhunderte das Bild der Stadt. Das Recht, sich Stadt zu nennen, bekam Rosenheim zwar erst 1864 von Ludwig II. verliehen, der „Markt Rosenheim" hatte zu der Zeit aber bereits einen Bahnhof, mit Gas beleuchtete Straßen und auch schon seine erste Industrie-Ausstellung. Zeitgleich mit der Museumsgründung wurde Rosenheim elektrifiziert. „Mit dem ursprünglichen Sammlungsauftrag kann ich immer noch sehr gut arbeiten", sagt der Historiker und Museumsleiter Walter Leicht. Gewünscht war und ist: nur was einen Bezug zu Rosenheim hat, aber davon wirklich alles! Das Ergebnis ist ein gut gefülltes Depot, und „meine Gäste", wie er uns Besucher nennt, „können in den 24 Räumen des Gebäudes die alten Dinge im Original und in Ruhe anschauen". Das ist bei rund 10.000 Besuchern im Jahr kein Problem, auch weil keine Computer-Animationen die Ruhe stören, auf „Schall- und Rauch-Knöpferl" verzichtet der Gastgeber bewusst.

TIPP *Rosenheims Vergangenheit als größte Salzstadt Bayerns ist sehenswert! In der Abteilung G 1.*

Das Museum ist absolut professionell gestaltet und zeigt mit viel Liebe zum Detail historisch Relevantes aus 2000 Jahren: Römisches, Militärisches, Sakrales, Traditionelles – das Besondere sind jedoch seine begehbaren realistischen Schauräume. Zum Beispiel ein großbürgerlicher Salon der Jahrhundertwende oder die typische Familienküche der 1930er-Jahre. Das Original hat bis in die 90er überlebt, zuletzt als Teil einer Studenten-WG. Die bekam vom Museum modernen Ersatz, denn wenn es um Kultur geht, hält man in Rosenheim zusammen.

Städtisches Museum Rosenheim, Ludwigsplatz 26, 83022 Rosenheim
www.museum.rosenheim.de
ÖPNV: alle Linien, Haltestelle Stadtmitte

Aschlküche

G7

Bis dann beim Stockhammer!

44 *Treffpunkt mit Tradition: Max-Josefs-Platz 13*

Ein Brauer aus Salzburg, Kaspar Stockhammer mit Namen, hat vor 350 Jahren dieser Adresse den Namen gegeben, seitdem residieren dort ohne Unterbrechung Wirte und Brauer: in einem stolzen Eckhaus im Inn-Salzach-Stil, mit grundsoliden Lauben-Bögen und im Sommer schon von Weitem zu erkennen. Denn dann ist am Max-Josefs-Platz 13 der Biergarten geöffnet, wo sich unter den stabilsten Schirmen Rosenheims über den Tag alles trifft, was Lust auf solide bayerische Küche hat. Oder schnell beim Bier die nächsten Geschäfte besprechen will, manchmal auch, um einfach nur dem Treiben auf dem Platz zuzuschauen. Stockhammers Biergarten ist quasi die Loge in der „Guten Stube Rosenheims", wo man alles sieht und gerne auch gesehen wird.

Im Inneren des historischen Gasthauses ist das mit dem Gesehenwerden eher eine Frage des Stammplatzes. Den haben gewichtige Rosenheimer natürlich, und die Bedienung kennt sich aus: „Wenn er da ist; Moment, ich zeig's Ihnen!" Stammtische gibt es auch, das ist aber eine andere Baustelle! Ansonsten tummelt sich hier zwischen Bräustüberl, Klosterstube und Schwemme eine Rosenheimer Mischung, die breiter scheint als anderswo: Familien mit Kind und Kegel, junge Paare mit viel Zeit, Monteure in der Mittagspause, Gruppen erschöpfter Shopping-Ladys, Seniorenzirkel und einsame Handlungsreisende. Schon im Eingangsgewölbe riecht es gut, die Bedienung trägt ihr persönliches Bayern-Outfit und hat merklich Spaß an der Arbeit! Wer hier einkehrt mit Hektik im Gepäck, der kommt ganz schnell zur Ruhe.

Früher konnte man, so heißt es, den Zustand einer Gemeinde an der Stimmung im Wirtshaus ablesen. So ein Barometer ist heute noch der Stockhammer, der an der gelassenen Rosenheimer Grundstimmung auch selbst mitarbeitet. Das kann man nachprüfen, zum Beispiel in der Schwemme, mit dem Rücken am warmen Kachelofen und dem Blick auf das Treiben zwischen Küche und Klosterstube. Genau so geht bayerische Wirtshaus-Wellness, egal was auf dem Tisch steht. Zum Glück ist hier alles gut!

• •

🔴 Gasthaus zum Stockhammer, Max-Josefs-Platz 13, 83022 Rosenheim
www.gasthaus-stockhammer.de
🔴 ÖPNV: alle Linien, Haltestelle Stadtmitte

Mitten unter uns

45 Die Heilig-Geist-Kirche

Warum Kirchen gerade dort stehen, wo wir sie heute bewundern, ist meist kein Geheimnis. Wallfahrtskirchen wurden an den Schauplätzen göttlicher Wunder errichtet, die Kathedralen der Metropolen sind Symbole kirchlicher Macht, und viele Kirchen auf dem Land sind heute noch das Zentrum dörflichen Lebens. Und dann sind da noch Beispiele wie die Rosenheimer Heilig-Geist-Kirche, wo nicht nur die Platzwahl eine besondere Geschichte erzählt. Rosenheim war immer schon der Sitz wohlhabender Händler-Familien, und einer aus diesem Kreis war Hans Stier. Wie er in Rosenheim sein Glück gemacht hat, liegt mehr oder weniger im Dunklen, doch man kann ihn heute noch knien sehen in der 1449 erbauten Heilig-Geist-Kirche. Als frommen Kirchen-Stifter, auf einem restaurierten Secco-Bild in der Wolfgangkapelle.

Zur Zeit der Spätgotik hatten nicht nur Burgherren ihre Privatkapellen, sondern auch reiche Handelsherren. Vom imposanten heutigen Stockhammer-Eckhaus am Max-Josefs-Platz hatte Hans Stier vom ersten Stock aus seinen ganz persönlichen Zugang zu göttlichem Heil und Segen. Der Platz für seine Kirche in privater Nachbarschaft war natürlich beschränkt, darum gibt es auch nur eine Fensterfront in der Fassade, die sich als Hausnummer 1 bescheiden in die Häuserfront der Heilig-Geist-Straße einfügt. Den achteckigen Turm mit der Zwiebelhaube sieht man vielleicht auf den zweiten Blick, doch wer dann die Kirchentür findet, betritt das Mittelalter.

Restauratoren haben im letzten Jahrhundert viel von der ursprünglichen Wandbemalung wieder hervorgeholt, der Raum hat bescheidene Proportionen, ganz ohne Prunk strahlt er eine Frömmigkeit aus, die etwas Zugewandtes hat. Früher sollen die Kranken eines Spitals in der Nachbarschaft für ihren Gottesdienst dirckten Zugang zur Empore gehabt haben. Heute steht dort eine kleine Orgel von Anton Bayr aus dem Jahr 1756, oft Teil der Konzertreihe „Alte Musik in Heilig Geist". Bei freiem Eintritt und auf harten Holzbänken sitzen sichtbar glückliche Menschen.

◐ Heilig-Geist-Kirche, Heilig-Geist-Straße, 83022 Rosenheim
◐ ÖPNV: alle Linien, Haltestelle Stadtmitte

Gut gereift soll er sein

46 *Feinkost Winkler, das Paradies für Käsefreunde*

Freilich gibt es für Käsekäufer in Rosenheim viele Abholadressen, um den Vorgang mal so zu umschreiben. Doch wenn es bei diesem edlen Natur- und Kulturprodukt drauf ankommt, gibt es nur einen wirklichen Kenner, und das ist der Feinkost Winkler. Eigentlich sind es zwei Kennerinnen: die Schwestern Doris Winkler und Dagmar Wolfbeisser, die in der zweiten Generation ihren kleinen Laden in der Rosenheimer Altstadt betreiben. Im Laubengang eine schmale Front mit Schaufenster und Ladentür, drinnen eine lang gestreckte Theke, dazu ein ganz spezieller Duft und ganz hinten zwei Stehtische für Verkostungen oder die Beratung von Kunden. Vielleicht altmodisch für manche, doch vertrauenerweckend für viele andere. Und so gibt es nicht nur grauhaarige Stammkunden, sondern, wie Doris betont, auch einen genießerisch begabten Nachwuchs unter den Käsefreunden.

Auch der schätzt die herzhaft-freundliche Kompetenz hinter der Theke mehr als irgendwelche Online-Infos – wobei es eine Winkler-Website ohnehin nicht gibt. „Wir kommen gut ohne aus", so die Erfahrung der Schwestern. Ihr Vater war gelernter Molkereifachmann in Rosenheim, kaufte in den 1950er-Jahren für einen Importeur Schweizer Käse ein und übernahm damals den Laden einer Kundin am Münchner Viktualienmarkt. Doch das tägliche Pendeln war lästig, und so eröffnete schließlich 1978 der Feinkost Winkler in Rosenheim. Zunächst als Experte für Käse aus Frankreich, Italien und der Schweiz, heute ist auch Bayern gut dabei. Dazu gibt es an Feinkost laut Doris „halt alles, was der Rosenheimer für ein gepflegtes Wochenende so braucht".

Hat sie selbst einen persönlichen Lieblingskäse? „Nicht direkt, aber reif sollte er sein. Und was ich gar nicht mag, sind diese Schnittkäs mit beigemischtem Chili, Knoblauch oder so." Das bestätigt nachdrücklich ein Stammkunde, der gerade mit Dagmar seinen Einkauf besprochen hat. Glücklich lächelnd deutet er auf seine Tüte: „So etwas ist da nicht drin, denn das ist heute meine persönliche Winkler-Brotzeit!"

Feinkost Winkler/Wolfbeisser, Heilig-Geist-Straße 4, 83022 Rosenheim
Telefon (0 80 31) 3 24 56
ÖPNV: alle Linien, Haltestelle Stadtmitte

Schmuck ist kein Luxus

47 *Galerie und Goldschmiede SMUC in Rosenheim*

Als er sich seinen Firmennamen ausdachte, sind ihm nicht etwa Buchstaben unter die Werkbank gefallen, bei SMUC hat er nur auf sein Hintergrundwissen zurückgegriffen: Franz Opperer, Goldschmiedemeister in Rosenheim, weiß, dass Smuc im Mittelhochdeutschen so viel wie Umarmung oder Anschmiegen heißt, die heutige Bedeutung kam erst später. Darum ist Schmuck für ihn auch kein Luxus, sondern ein ursprüngliches menschliches Bedürfnis. „Zu den frühesten Höhlenfunden gehörten immer wieder auch Schmuckstücke", erklärt er, „zweckfreie Dinge, nur aus dem hergestellt, was zur Verfügung stand."

Er selbst hat heute natürlich ganz andere Möglichkeiten, doch als Kreativer kann er nachempfinden, welch sinnliches Erleben es gewesen sein muss, mit Materialien aus der Natur über Hand, Werkzeug und Fantasie ganz neue Dinge zu gestalten. Darum erinnert bei SMUC auch nichts an einen Juwelier, statt Luxusambiente helle, hohe Räume mit der Atmosphäre eines Künstlerateliers, wo Ausstellung und Werkstatt ineinander übergehen.

Natürlich weiß Opperer, dass edler Schmuck erst durch gute Präsentation lebt. Er inszeniert ihn zum Beispiel auf einer Edelholzplatte, deren Sockel ehemals einen Zahnarztstuhl trug. Unüblich, aber wirkungsvoll, genau wie die grandios gestalteten Schaufenster, durch die, genauso unüblich, kein Blick in den Laden möglich ist. Dort stellen als Überraschungsgäste immer wieder befreundete Künstler aus, darunter Holzbildhauer, Kunstschmiede, Papierkünstler, Hauptsache „Handarbeiter", das ist dem Goldschmied-Galeristen wichtig. So wichtig wie das „Handwerk als Gegenpol zum Internet-Zeitalter", wie er einen Teil seiner Motivation nennt. Als Beweis zeigt er einige seiner Gerätschaften als Blickfang im Laden. „Die sind alle noch in Gebrauch, die Poliermaschine dort ist von 1908!" Am liebsten hat er als Kreativer es, wenn sich sein edles Material wie von selbst in die Hand smuct. Wer ihm dabei in seiner Werkstatt zuschaut, weiß, hier frönt jemand seinem ganz persönlichen Luxus.

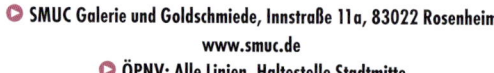

SMUC Galerie und Goldschmiede, Innstraße 11a, 83022 Rosenheim
www.smuc.de
ÖPNV: Alle Linien, Haltestelle Stadtmitte

Hautnah am Publikum

48 *Toni Müllers Theaterinsel*

Die Theaterlandschaft in Rosenheim ist lebendig und vielfältig, für die Größe der Stadt sogar außergewöhnlich. Bei ihrer oberbayerischen Prägung andererseits wieder völlig normal, denn die Leidenschaft fürs Theaterspielen hat im Süden Bayerns eine lange Tradition. Typisch für das altbayerische „Komödi-Gspui" war neben der Lust am gemeinsamen Maskieren und Rollenspiel vor allem die direkte Nähe zum Publikum. Die war dem Regisseur und Theater-Profi Toni Müller schon immer wichtig, darum war es ein Glücksfall, als er in einem Gewerbegebiet 1998 den festen Platz für sein Wandertheater fand.

Chiemseestraße 8, ein versteckter Nebeneingang führt in den ersten Stock über einem Getränkemarkt. Auf dem Treppenabsatz die Theater-Abendkasse und oben dann eine Art Foyer mit kleiner Bar und der Gang zu den Plätzen: 60 U-förmig angeordnete Kino-Klappsitze, die ersten Reihen stehen quasi mit auf der weitläufigen Bühne. „Das hat sich so ergeben", erinnert sich Daniel Burton, „und weil es so intim und fast wie ein Amphitheater wirkt, ist das bis heute so geblieben." Das Ensemble e. V. heißt der Verein, dessen 1. Vorstand Daniel ist und in dem ambitionierte Theater-Enthusiasten ein Programm aushecken, das kein bissl elitär sein will. Prinzipal Toni Müller, der vor seiner Rosenheimer Zeit an großen Häusern aktiv war, bietet Theaterkurse für jedermann an, die auch dafür sorgen, dass dem Ensemble der Nachwuchs nicht ausgeht.

Das Publikum liebt diesen speziellen Theater-Raum, jedes Alter trifft sich hier, „auch weil im Ensemble viele Junge mitspielen", meint Daniel, der sich immer noch wundert, wie sie ausgerechnet mit den „Persern" von Aischylos mehrfach ein volles Haus hatten. Aktuell ist „Arsen und Spitzenhäubchen" der Renner; eine Janosch-Inszenierung für Kinder gab es, Poetry-Slammer treten auch mal auf, und Goethes „Faust" war der Großerfolg: 23 Mal ausverkauft! Die Raucher-Pausen draußen vor der Tür sind ein Treff von Kennern unter sich, „Hochkultur" geht auch im Hinterhof.

· ·

Theaterinsel Rosenheim, Chiemseestraße 8, 83022 Rosenheim
www.theaterinsel.de
ÖPNV: Bus 10, Haltestelle Simsseestraße/Freibad

Hopfen, Malz und was noch?

49 *Brauereiführung beim Flötzinger in Rosenheim*

Auf ihr Reinheitsgebot sind die Bayern zu Recht stolz, darum sind die Rosenheimer gerne nachsichtig, wenn zwei Berliner in ihrer Besuchergruppe nicht gleich die vier klassischen Zutaten aufsagen können. Aufgeklärt werden sie im blitzsauberen, gekachelten Sudhaus des Flötzinger Bräu zwischen zwei riesigen Edelstahl-Bottichen fürs Maischen und Läutern. In denen sind erst mal nur Wasser und Malz durch die Sichtfenster als trübe Brühe zu erkennen, die langsam umgerührt wird. Den Sinn erklärt uns Fritz Uebelhör, seit Jahrzehnten Teil der „Flötzinger-Familie", wie er das nennt, und ein wandelndes Bier-Lexikon. Die vier Grundzutaten, um das nicht zu vergessen, sind: Wasser, Malz, Hopfen und Hefe.

Bevor die Führung beginnt, wird erst einmal verkostet: frisches, kühles Helles, draußen im Hof, der diesen ganz speziellen Charme alten Braugewerbes ausstrahlt: solide, dicke Mauern im typisch gelb-weißen Dekor, und dann dieser besondere Geruch! Der Flötzinger steht ja auch schon über 100 Jahre am gleichen Platz, als älteste und einzige Privatbrauerei

TIPP So viel Theorie macht durstig. Zum Glück liegt ums Eck, Samerstraße 17, das Flötzinger Bräustüberl.

im Raum Rosenheim und seit rund 480 Jahren in Familienbesitz. Darauf ist der Fritz zu Recht stolz, als Führer unseres zweistündigen Rundgangs durch Hallen und Gewölbe, über Wendeltreppen und in tiefe Keller, meist recht kühl, manchmal laut und alles überwacht von gelassen konzentrierten Spezialisten in den roten Flötzinger-Westen.

Am Ende haben wir gelernt, wie das geht mit dem Bierbrauen: mälzen, darren, schroten, maischen, läutern, Würze kochen, abkühlen, mit Hefe gären, lagern, filtrieren (oder auch nicht), abfüllen, und fertig! Seit Jahrhunderten ist das der gleiche Ablauf, nur heute immer kunstvoller, darum zu Recht Braukunst. Industriell ist beim Flötzinger allenfalls die faszinierende Abfüllanlage. 18 Sorten fließen hier durch, viele davon preisgekrönt, auch das Wies'n-Märzen, das mit 13,5 Prozent Stammwürze im Flötzinger Herbstfest-Zelt für gute Stimmung sorgt.

🔴 **Flötzinger Brauerei, Herzog-Heinrich-Straße 7, 83022 Rosenheim**
www.floetzinger.de
🔴 **ÖPNV: alle Linien, Haltestelle**

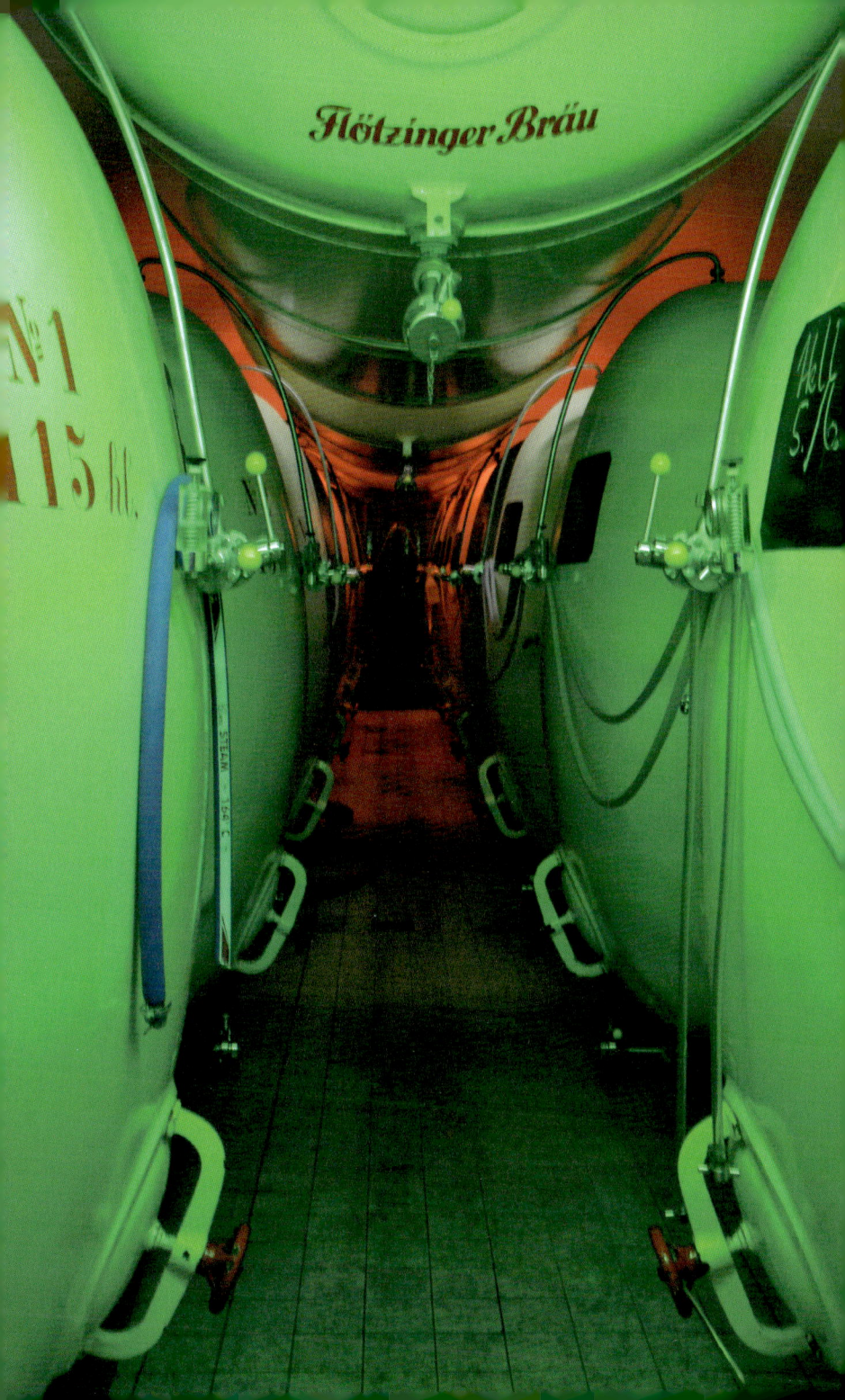

Hier geht's um die Bohne

50 *Günter Kolla röstet Kaffee frisch für jeden*

In Garagen sollen schon mal Unternehmen mit Welterfolg entstanden sein, Beispiele kennt man aus den USA. Die Garage, um die es hier geht, stand aber in Eggstätt bei Rosenheim; dafür kam das, was in ihr verarbeitet wurde, übers Meer aus Übersee. In Form von rohen, ungerösteten Kaffeebohnen, und das kam so: Günter Kolla, seit Jahren kompetent und erfahren im Weingeschäft, hörte von einem Freund, dass man sich als Feinschmecker seinen Kaffee am besten selbst röstet. Er beschaffte sich einen Proberöster für den Hausgebrauch, und der Freund sorgte für die richtig guten Bohnen. Zur gleichen Zeit brauchte einer seiner Weinkunden ganz rasch noch besondere Weihnachtsgeschenke, und so wurde Kollas Garage über Nacht zur Rösterei. Er ahnte, dass es sich lohnen könnte, und meldete ein Gewerbe an.

Das war im Jahr 2004, heute finden wir die Kolla Rösterei im Rosenheimer Zentrum, umgeben von Genuss-Adressen aller Art. Ganz ohne Schaufenster zieht uns der wunderbare Kaffee-Geruch die drei Stufen in seine kleine Rösterei hinauf. Im Vorraum stapeln sich zwei oder drei der typischen Jutesäcke mit Rohkaffee, denn sein Laden ist zugleich Manufaktur, dabei hell, freundlich, funktional und vor allem ein Erlebnis für die Nase! Der Röster läuft gerade im Hintergrund, so wie jeden Tag ab 11 Uhr, denn das hat Günter Kolla seit seinem Garagenstart beibehalten: stets frisch und nur in kleinen Chargen rösten, maximal zehn Kilo und gerne auch mal etwas Besonderes auf Kundenwunsch.

TIPP Tipp: Kollas beste Kaffees schenkt das „Nimm's lose" aus, Gillitzerstraße 4 (siehe Seite 110).

Als Feinschmecker sind bei ihm Nase, Gaumen und Augen aus der Zeit mit dem Wein geschult, so röstet er nicht nur professionell und speziell für seine Kunden, sondern redet mit ihnen auch gerne über Kaffee, vorausgesetzt, sie wissen nicht alles besser. Ein Gespräch mit Kolla über Anbaugebiete, Sorten, Brühmethoden und Geschmäcker ist ein Mehrwert, der unbezahlbar ist. Und noch etwas: Bei ihm kann man auch seine geliebte alte Kaffeemaschine reparieren lassen! „Service rund um die Bohne", wie er das nennt.

● Kaffeerösterei Günter Kolla, Riederstraße 8, 83036 Rosenheim
https://kolla-kaffee.de
▶ ÖPNV: Bus 2, 3, 4, 7, 8, 9, Haltestelle Gillitzerstraße

Wo süße Träume entstehen

 51 *Die Show-Bäckerei Kuchenträume in Kolbermoor*

Viel Platz haben sie nicht, die jungen Frauen in den pinkfarbenen Shirts, aber in Träumen geht es ja auch oft eng zu. Bei dem, was sie tun, haben sie Zuschauer. Jetzt im Januar zwar nur an wenigen Tischen, die aber sind gut besetzt von neugierigen Genießern. Es duftet nach Kaffee und gebackenen Köstlichkeiten, Kuchengabeln klimpern dezent, und hinter der gemauerten Theke herrscht emsiger Betrieb. Dem Sommer-Besucher auf der gerade geschlossenen Terrasse entgeht da manches, außer er ist Stammgast und kennt sich aus.

Die Show-Bäckerei an der Alten Spinnerei steht nicht etwa für Unterhaltungseffekte, wie sie manche Barkeeper zelebrieren, die Besatzung ist viel eher mit Ernst bei der Sache. Das weckt Vertrauen, ohne zu langweilen, vorausgesetzt man lässt sich beim Zuschauen ein wenig Zeit. „Alle, die bei uns backen, sind vom Fach, zwei Meister, drei Gesellen und drei Azubis", erzählt Konditormeisterin und Chefin Birgit Ertl. Und nebenbei ist zu erfahren, dass die „Mannschaft" rein weiblich ist, Altersdurchschnitt Mitte 20, und dass der Männerberuf des Zuckerbäckers immer weiblicher und kreativer wird. Selbstbewusst erklärt Birgit: „Wir treten dabei völlig aus der Reihe, weil wir genau das machen, was alle anderen nicht mehr machen!" Damit meint sie vor allem die vielen Kundenwünsche, für deren fantasievolle Umsetzung sie und ihre Crew berühmt sind. Zweimal hat der Feinschmecker die Kuchenträume zur besten Konditorei Deutschlands gekürt, zuletzt 2018. „Will jemand die Titanic als Geburtstagstorte? Machen wir!" Auch eine Wunschtorte mit schlanken 70 Zentimetern Höhe war kein Problem, nur an den Tortentransport zu einer Alm-Hochzeit erinnert sie sich als knifflige Sache. Sie beliefern inzwischen viele Cafés in der Umgebung, und die Hauptzutaten Zucker, Mehl, Butter und Sahne sind natürlich aus der Region und bio. Zehn Jahre gibt es jetzt die Kuchenträume, vor allem weil's dort traumhaft schmeckt!

TIPP Als Mitbringsel unschlagbar: die Petits Fours – tolle Auswahl und ihr Geld wert!

Konditorei Kuchenträume, An der Alten Spinnerei 3, 83059 Kolbermoor
www.kuchentraeume.de
ÖPNV: Bus 9, Haltestelle Alte Spinnerei

Ganz leicht ohne Müll

 52 *Nimm's lose – Rosenheims Unverpacktladen*

Umzingelt von lauter sozial relevanten Botschaften – Umweltschutz, Plastikmüll, bio und regionales Einkaufen –, ist es schon ein Glück, auf jemanden zu stoßen, der Ernst macht. Im konkreten Fall mit dem Thema unnötige Verpackung. Das wird in Rosenheim und Umgebung bisher nur von Alexandra und Christian ernst genommen, ihr „erster plastikfreier Bioladen" hat dafür den lässigen Namen „Nimm's lose". Die Stammkunden nehmen ihn als gut gelaunte Aufforderung, und die normalen neugierigen Passanten fragen sich beim Blick in den spannenden Laden: „Was genau spielt sich denn hier ab?"

Die Botschaft der beiden Überzeugungstäter, wie sie sich nennen, ist selbst optimal verpackt. Sehr viel besser können es die Erbauer von Apple-Stores auch nicht. Eine der Weisheiten aus dem Werbe-Business lautet ja, dass bei einer erfolgreichen Verpackung Emotion, Optik, Haptik, Akustik und auch Duft stimmen müssen. Das passt bei „Nimm's lose" auf den Punkt, nur kann beim Einkauf die Verpackung weiter dort werben, wo sie ist, und nur das Produkt macht sich lose mit den Käufern auf den Weg. Die kommen aus Überzeugung immer wieder, manchmal auch nur auf einen Ratsch. So ist hier die Gruppe „Rosenheim wird nachhaltiger" entstanden, froh für diesen Treffpunkt, an dem sie sich über alternative Ideen austauschen können.

TIPP Hafer ist der Bestseller, direkt vom Müller! Und den selbst vor Ort zu Natur-Haferflocken quetschen.

Wenn sie konkrete Waren-Wünsche haben, schreiben sie diese auf eine „Wunschtafel" gleich neben dem Eingang, Alexandra und Christian schauen dann, was sich machen lässt. Immer regional natürlich! Bis dahin schaufeln ihre Kunden eigenhändig (Haptik!) Müsli, Gewürze, Kaffee, Nudeln oder lassen aus den Glasspendern an der Wand (Akustik!) Getreide, Nüsse oder „bayerischen Reis" in die mitgebrachten Behälter rasseln. Ein Geräusch, das nach glücklichem Beutemachen klingt. Das Auswiegen ist simpel, jede Beratung hat hier einen Mehrwert, und bald wird es auch einen Lieferservice geben. Ohne Müll und CO_2-frei, per Lastenfahrrad.

> ◉ **Nimm's lose, Gillitzerstraße 4, 83022 Rosenheim**
> **www.nimmslose.bio**
> ◉ **ÖPNV: alle Linien, Haltestelle Stadtmitte**

Getreide

BAYERISCHER REIS

BIO PER CHIEMG
TROSTBERG
NATURLAND
0,69€ / 100G
10.05.2020

BIO PER DINKEL
TROSTBERG
NATURLAND
0,69€ / 100G
15.01.2020

Stadt-Oase und Craft-Bier

53 *Bierbrau-Kurse bei Tante Paula im Mailkeller*

Diese Oase ist ein Keller, ein Bierkeller wohlgemerkt, in Bayern auch als Synonym für Biergärten genutzt. Und die sind als Freiluft-Oasen unter Kastanienbäumen schließlich weltweit bekannt. In Rosenheim ist der Mailkeller der älteste und zugleich einer der schönsten Biergärten, und das mitten in der Stadt! Er gehört zum gleichnamigen historischen Gasthaus, ebenfalls eine Institution, sowohl der Gastlichkeit als auch seit 1645 der Braukunst. Die hatte zwischendurch zwar mal Pausen, doch jetzt soll die Tradition wieder aufleben, so der Plan des neuen Pächter-Paares.

Dessen Idee war es auch, Tante Paula im Mailkeller namensgebend mit einziehen zu lassen, in Erinnerung an eine reale Tante aus der Wirtsfamilie. Die konnte nicht nur gut kochen, sondern braute auch in der Küche ihr eigenes Bier, und die gesamte Verwandtschaft fühlte sich bei ihr immer besonders heimisch. Dieses Wohlgefühl zu übertragen scheint gut gelungen zu sein. Im breiten Hausgang steht eine kupfern glänzende Brauanlage im Küchenformat – „schon funktionsfähig, aber mehr zur Dekoration", meint Wirtin Angela –, und im holzgetäfelten Gastraum ist es für seine Größe erstaunlich wohnlich.

TIPP *Sonst selten, aber hier schon: Rouladen - klassisch vom Rind oder vegetarisch als Kohlroulade!*

Es gibt einen Mittagstisch für eilige Gäste, der Küchenchef aus Österreich verwendet viele heimische Zutaten, und im Biergarten hat er sich ein Kräutereck angelegt. An jedem ersten Samstag im Monat gibt Braumeister Nikolaus Starkmeth seinen Braukurs für Hobbybrauer, und die dort entstehenden Hausbiere werden nur vor Ort ausgeschenkt. „Alles nach dem Reinheitsgebot!", betont die Wirtin. „Aber es sind schon auch irgendwie Craft-Biere." Also diese handwerklich gebrauten Biere mit den besonderen Noten. Die Flötzinger Brauerei hat übrigens als Verpächterin überhaupt nichts gegen die „Konkurrenz" von Tante Paula! Gerade gründet sich ein Bier-Club unter Paulas Hobbybrauern, und mit Hopfen an der warmen Hauswand wird auch experimentiert. Glückliches Bierland Bayern!

○ **Tante Paula Gasthausbrauerei, Schmettererstraße 20, 83022 Rosenheim**
www.tantepaula-gasthausbrauerei.de
ÖPNV: alle Linien, Haltestelle Stadtmitte

Einfach Kreis und Kreuz

54 *Barockkirche St. Johann Baptist in Westerndorf*

Symbole wie der Kreis oder das Kreuz haben dank ihrer Einfachheit, je nachdem, wie und wo sie genutzt werden, große Kraft und Wirkung. Die beiden uralten Zeichen menschlicher Kultur hat ein Kirchenbaumeister des Barock im Weiler Westerndorf am Wasen miteinander verbunden. Den Kreis als Symbol für das „runde Ganze" und die Geschlossenheit, mit dem Kreuz als Zeichen einer festen Verbindung zwischen Gott und den Menschen. Als im Jahre 1648 der Grundstein für die Kirche St. Johann Baptist und Heilig Kreuz gelegt wurde, war direkt nach dem Dreißigjährigen Krieg diese Verbindung als ermutigendes Signal gemeint. Das ist bis heute für uns sichtbar geblieben, ist sie doch die Barockkirche mit Deutschlands größtem Zwiebeldach.

Sie ist dank ihrer imposanten Kuppel kaum zu übersehen, spitz zulaufend hat sie fast etwas Venezianisches. Der Grundriss des Kirchenbaus selbst ist ein vollkommener Kreis von 20 Metern Durchmesser, der Innenraum ist dagegen kreuzförmig aufgeteilt. Den Besuchern merkt man an, dass sie von der Mischung aus klaren Linien, den barocken Altären und dem farblich zurückhaltenden Stuck bis ins elf Meter hohe Mittelgewölbe beeindruckt sind. Möglich, dass manch einer darüber nachdenkt, wie sie das damals wohl mit der Kuppel bewerkstelligt haben.

Dazu kann man nachlesen, dass hier in Westerndorf, unweit des Rosenheimer Zentrums für Holztechnik und Bau, damals schon eine der größten freitragenden Holzkuppel-Konstruktionen Europas entstanden ist. Konstantin Pader hieß ihr Baumeister, bekannt auch als Bildhauer und Erbauer weiterer Kirchen in Bayern. Mit der Wallfahrtskirche in Westerndorf wollte er wohl ein Zeichen setzen, dass gerade nach 30 Jahren verheerenden Krieges ein frommer Geist in Verbindung mit Wagemut und stolzem Handwerk doch etwas bewirken kann. Diesem guten Gedanken spüren wir nach und machen einen Rundgang um das barocke Gesamtkunstwerk herum, das im Freien und aus einigen Metern Entfernung seine Wirkung erst richtig entfaltet.

· ·

St. Johann Baptist und Heilig Kreuz, Westerndorf, Am Wasen 72, 83026 Rosenheim
ÖPNV: Bus 4, 11, Haltestelle Am Wasen

114

Heilige werden kleiner

55 Holzschnitzerei Geschenke Bechtold

Krippen werden dagegen immer größer, zumindest was ihr Personal angeht. „Die einzige Frau in der Heiligen Nacht war früher die Maria", weiß der Holzschnitzer und Krippen-Kenner Bernd Bechtold. „Heute hat sie alle mögliche weibliche Begleitung, auch kommen zu den Hirten immer mehr Schmiede, Fassbinder oder Schindelspalter dazu." Die Kunden wollen Handwerk und bäuerlichen Alltag sehen, wie in einem Miniaturheimatmuseum und gerne angesiedelt in Almhütten oder Bergbauernhöfen. „Eine Tradition, die von Österreich rüberkommt", erzählt der letzte Holzschnitzer im Raum Rosenheim; seine Regale mit den unzähligen Holzfiguren und -figürchen, bemalt oder unbemalt, ähneln Wimmelbildern und faszinieren junge Elternpaare, die ihre Kinder wieder mit „echten Krippen unterm Baum glücklich machen wollen", freut sich ihr Schöpfer.

Bernd erinnert sich, dass „ich als Kind praktisch in der Werkstatt aufgewachsen bin", beim Vater hat er das Handwerk gelernt, und zu der Zeit war natürlich manches anders. „Doch Heilige sind, nach den Krippen, auch heute noch gefragt, der Florian zum Beispiel." Aber kaum einer ist größer als 30 Zentimeter. „Heute muss ich die vorgefrästen Rohlinge aus Südtirol hernehmen, weil die Leute keine Zeit mehr haben. Einen privaten Heiligen, über einen Meter groß, der ein Jahr dauert, das gibt es heute nur noch selten!" Doch auch da freut er sich über einen neuen Trend: Jugendliche suchen sich bei ihm ihren persönlichen Schutzpatron aus, handgeschnitzt, der hilft bestimmt.

Sternstunden gibt es für den Bernd, wenn er restaurieren darf; kürzlich war das ein maroder Feldkreuz-Christus von 1820. Kreativ ist er auch, dabei zeigt er auf die Wiege seiner ersten Tochter, ein Bär, auf dem Rücken schaukelnd und unverkäuflich. In seiner Werkstatt sind wir eindeutig in Südbayern; als Stil dominiert traditionell das heitere Barock, und so verhilft ein Stündchen beim Schnitzer, unter lauter Heiligen und Lindenholzduft, zu angenehmer Gelassenheit. Auch eine Art Glück.

• •

Holzschnitzerei Bechtold, Äußere Münchner Straße 47, 83026 Rosenheim
www.holzschnitzerei-bechtold.de
ÖPNV: Bus 8, 9, Haltestelle Äußere Münchner Straße

Die Happinger Seen-Tour

56 *Per Radl zwischen Floriansee und Happinger See*

Seen-Tour klingt sportlich, ist hier aber nur eine Sammlung von Glücksorten, die viel mehr mit Entspannung als mit Sport zu tun haben. Die Radel-Rundfahrt südlich von Rosenheim durch die Auwälder der Happinger Seen ist absolut steigungsfrei und familientauglich und verführt zum Bummeln. Dafür sorgt schon das reiche Angebot an Badeplätzen, von romantisch versteckt bis zur Liegewiese mit Steg. Genießer treffen besser keine feste Wahl für den Tag, sondern reihen beim Weiterradeln einfach einen Platz an den anderen. Verträumt und grün sind sie alle, mit Baumschatten und Sonne im Wechsel, und die kleine Stufe vom Wiesenrand führt direkt ins klare, kühle Wasser.

Die Tour beginnt am Floriansee, wo es für die Anfahrt mit dem Auto diverse Parkplätze gibt. Die Verlockung, gleich dazubleiben, ist hier schon recht stark. Bänke unter hohen Bäumen, viele „persönliche" Plätze am Ufer und sogar eine hölzerne Umkleide gibt es. Eine kleine baumbestandene Insel lockt, eine Strecke, die auch für Normalschwimmer zu schaffen ist. Doch wir wollen weiter, am Moosbach entlang auf dem Radweg nach Süden, wo am Freizeitgelände mit Beach-Kiosk dann ein schmaler Fahrweg Richtung Inn führt.

TIPP *Zur optimalen Orientierung die Amtliche Topographische Karte Bayern, 1:25.000 (ATK 25 P 13), mitnehmen!*

Zwischen kleinen und größeren Anglergewässern hindurch biegt er nach rechts, wo dann bald zwischen Bäumen das Ostufer des Happinger Ausees aufblitzt. So ruhig und einsam wie irgendwo in Finnland oder Masuren! Wer gut aufpasst, entdeckt den kleinen Fußpfad zur bewaldeten Halbinsel und hat sein Paradies gefunden.

Irgendwann lockt doch wieder die Zivilisation, und wir radeln aus dem Auwald hinaus durch die Erlenau, finden den Moosbach wieder, und an ihm entlang sind wir in fünf Minuten am Happinger See, unter dem Dutzend Seen der größte. Die Zivilisation entpuppt sich als Biergarten mit Liegewiese und Badesteg. Irgendwann geht es dann doch zurück, zum Parkplatz am Floriansee, immer am Moosbach entlang, mal links, mal rechts und ganz sicher gut gelaunt.

Karambolage beim Burgherrn

 Billard und gut essen: Karo Castle Kolbermoor

Mit Karambolage ist in Kolbermoor nur die klassische Billard-Variante mit den drei Kugeln gemeint. Und auch sonst stößt im Karo Castle nichts weiter zusammen als die „Bälle", wie die Kenner sagen. Der Erstbesucher merkt aber gleich, dass hier trotzdem zwei unterschiedliche Dinge aufeinanderstoßen: Am Eingang der großen Halle steckt das Artus-Schwert Excalibur immer noch in seinem Felsblock, dahinter stehen reihenweise moderne Billardtische, an denen konzentriert gespielt wird, während von rechts gut gelaunte Menschen an gedeckten Tischen diesem Treiben zuschauen – durch die Fenster einer mittelalterlichen Burg. Darum also Castle!

Die Billardhalle als Turnierplatz? „Burgherr" Christian Maurer und seine Gäste mögen diese Kombination: modern und auf dem neuesten Stand, gleichzeitig mit dem Flair des Mittelalters. Die „Burg" betritt man über eine Zugbrücke, die Mauern sehen täuschend echt aus, das Pflaster ist bucklig, und das Holz der Balken, Bänke und Tische in den Gast-Gemächern ist echt und richtig schön alt! „Renovieren? Unnötig, hier altert ja nichts mehr", sagt Burgherr „Mauri", er hat schließlich vor über 20 Jahren an der Burg mitgebaut. Auch Gastronomie-Erfahrung hat er reichlich, doch seine Leidenschaft gilt vor allem dem Billard. Bei den Turnieren und Besuchen im Castle bringen die Spieler ihr Publikum mit, das ist bunt gemischt, richtig familiär und wird sicher nicht nur von der üppigen Burger-Karte angelockt. „Wir sind inzwischen schon mehr Restaurant als Bistro", betont der Mauri, „und trotz unserer Öffnungszeit bis nach Mitternacht gehören wir nicht zum Nachtleben!"

TIPP Die Burger heißen Camelot, Löwenherz und Merlin, doch der Karoburger ist zu Recht der Klassiker.

Das Rauchverbot hält er für einen Segen. Am Wochenende kommen auch „Opa und Enkel", und weil das Karo auch Vereinslokal ist, können Eltern ihre 15-Jährigen unbesorgt schicken. Auch Mauris achtjährige Tochter kommt bereits so weit über den Tisch, dass sie „begeistert mitstochert, die Queue hält sie einfach etwas steiler."

> **Karo Castle, Restaurant und Billardsport, Carl-Jordan-Straße 18, 83059 Kolbermoor**
> **www.karo-castle.com**
> **ÖPNV: Bus 209, Haltestelle Carl-Jordan-Straße**

Welche Welt möchte ich?

58   *Der Bio-Hofladen Schlarb in Schlarbhofen*

„Einfach nur davon leben können, auf dem Hof glücklich sein und ihn für die nächste Generation erhalten!" So beschreibt Max seine Motivation, in Schlarbhofen Biobauer zu sein. Die nächste Generation ist der Lenzi, noch keine zwei Jahre alt, Max selbst ist der Enkel eines von sechs Brüdern, die unmittelbar nach dem letzten Krieg samt Familien als Aussiedler bei Kolbermoor gelandet sind. Als Donauschwaben aus der Batschka waren sie mit fruchtbarem Flachland vertraut, ihr neuer Siedlungsplatz war zwar auch flach, musste als Moor aber erst von ihnen urbar gemacht werden. Heute gibt es dort acht Höfe der Großfamilie Schlarb, und die Bauernsiedlung heißt deshalb offiziell Schlarbhofen.

Zum Hofladen vom Max geht es schmal und rechtwinklig mal links, mal rechts, an schnurgeraden Kanälen, Hecken und Baumreihen entlang, durch ehemalige Fuizn, wie die Moore hier auf Bairisch heißen. Typisch bayerisch ist der Biohof Schlarb aber nicht, seine Ausstrahlung ist eher zweckmäßig, das weckt Vertrauen und das Gefühl: „Hier bist du richtig!" Die Familie sitzt gerade in der Mittagspause unterm Apfelbaum und signalisiert: „Gleich kommt jemand!"

TIPP *Von Juli bis September hat der Max viele alte Tomatensorten, frisch vom Strauch, ein Traum!*

Viel Naturholz haben die Schlarbs verbaut, alle Gebäude sind von nützlich bescheidener Effektivität. Im Laden stapeln sich die Gemüseschätze der Saison, der Favorit sind die Kartoffeln, sagt der Max, und „meinen Kunden ist der Geschmack wichtiger als die schöne Form". Seit 2012 ist Max Biobauer, beim Gemüse hat er mit 500 Quadratmeter begonnen, jetzt sind es 6000. Als Landwirtschaftsmeister experimentiert er gerne mit alten Sorten, probiert immer wieder Neues aus und achtet in allem auf die richtige Kreislaufwirtschaft. Dazu kommt eigenes Brotgetreide, Flcisch von einer kleinen Rinderzucht, zwei Marktstände, was fehlt ihm noch? „Die Gesellschaft sollte endlich wissen, welche Welt sie möchte, und dann danach handeln!" Er weiß zum Glück, wie das geht, und davon gibt er jedem gerne etwas ab.

Biohof Schlarb, Dr. Thann-Straße 1a, 83059 Kolbermoor
www.biohofschlarb.de

Brunch-Paradies Spinnerei

 59 *Café Giuseppe im Kesselhaus Kolbermoor*

Als hier noch Baumwolle gesponnen wurde, war das Wort Brunch eher unbekannt, die Spinnerei mit ihrem Kesselhaus kannte dagegen jeder Kolbermoorer. Als das Industrieunternehmen 1993 dichtmachte, nach 130 Jahren, war das vielleicht schon anders. Und ab 2006 wurde dann sowieso alles anders auf dem Spinnerei-Gelände am Mangfallkanal! Ein heimischer Investor begann mit der Sanierung des Industriedenkmals, und es entstand als „Alte Spinnerei" ein eigenes Stadtviertel. Man weiß ja inzwischen, wie attraktiv alte Bausubstanz wirkt, wenn sie gut renoviert wurde. Schicke Lofts gab es, mit Blick auf Fluss und Berge, und von Büros über Läden bis zu einer Kunstakademie und natürlich Gastronomie siedelte sich in der Alten Spinnerei alles Mögliche an.

Im Kesselhaus, der ehemaligen Dampf- und Energiezentrale der Spinnerei, kann man heute bei Giuseppe brunchen, was am Wochenende sehr beliebt ist, wenn der Tag nicht vor 10 Uhr anfängt. Dann kommen sie in Scharen, die Stärkung suchenden Nachtbummler von Bad Aibling bis Rosenheim, genauso wie die Familien mit Kind und Kegel, Hunde eingeschlossen. Und so geht es vom Breakfast über Lunch

 TIPP Ein bis zwei Tage vorher reservieren, sonst heißt es warten.

hinein in den Kuchen-Nachmittag bis in den frühen Abend. Eine Art Energiezentrale ist diese ehemalige Fabrikhalle immer noch, das merkt man an der hallenden Geräuschkulisse. An den Holztischen und in den Sofa-Ecken muss man die Köpfe dichter zusammenstecken, damit man sich akustisch versteht, wobei die Handys schon mal auf die Seite geschoben werden. Was so eine Deckenhöhe von gut sechs Metern alles bewirkt!

Auch die 20 Meter Theke spielen in dem Energiemix ihre Rolle. Von dort bringen die flinken Servicemädchen die Snacks, Wraps, Bowls, aber auch Vollkornbrot, Müslis, Croissants und jede Kaffee- und Kuchenvariante herbei. Im Sommer auch auf die Terrasse am Kanal; der alte Kamin dort raucht nicht mehr, doch der Ort hat zum Glück noch genug Energie, um eigene Gedanken zu spinnen.

Giuseppe e Amici, An der Alten Spinnerei 1, 83059 Kolbermoor
www.giuseppe-amici.de
ÖPNV: Bus 9, Haltestelle Alte Spinnerei

Massiv in Bewegung

60 *Geologisch spannendes Wandern im Jenbachtal*

Wildbäche, die durch Klammen tosen und Wasserfälle produzieren, gehören bei den Bergwanderern in der Regel zu den Glücksorten. Beim Jenbachtal am Nordhang des Wendelsteins ist das eigentlich auch nicht anders, denn wer sich in Bad Feilnbach den Wanderweg nach Süden vornimmt, hinein ins Wendelstein-Massiv Richtung Wirts-Alm, hat einen schönen Tag vor sich. Der Jenbach präsentiert sich nur kurz angestaut und grün, dann kommt er uns wie jeder anständige Bergbach kurvig und munter durchs Kiesbett entgegen; sein Tal wird enger, der Weg bleibt bequem, sogar Bänke gibt es gelegentlich. Doch immer wieder sind da diese Verbauungen aus Beton, quer über Bach und Tal und teilweise von solchen Ausmaßen, dass man sich irgendwann nach dem Sinn fragt.

Aufklärung kommt von Mitwanderern, die auf einen kahlen Hang verweisen, der sich gegenüber wie eine Kerbe weit hinauf in den steilen Bergwald zieht: Das Brechries nennen es die Einheimischen. In den Achtzigern hat sich genau hier der Berg heftig in Bewegung gesetzt, schuld war die fortschreitende Erosion durch den Jenbach. Geologen sprachen vom Zementmergel, einem „Schichtglied des Flyschs", der am gesamten Nordrand der Alpen immer mal wieder gefährlich ins Rutschen kommt, wenn er „angeschnitten" wird. Das Brechries wird seitdem ständig überwacht, der Jenbach ist entschärft, und die Wanderer brauchen sich nicht wirklich zu sorgen. Doch so im Vorbeigehen der Gefahr ins Auge zu sehen, hat schon auch seinen Reiz.

Der Weg wird schmal, wandelt sich stellenweise zum Steig, Trittsicherheit ist gefragt. Unser Zwischenziel ist der Wasserfall, nicht überwältigend, dafür aber besonders gefällig in die Landschaft komponiert. Weil Fotos sein müssen, staut es sich auf dem Pfad. Die Wirts-Alm, unser Hauptziel, ist nach ca. drei Stunden erreicht. Auf der Terrasse mit ihrem weiten Blick in die Rosenheimer Ebene fühlen wir uns sicher, und beim Weißbier werden aus rutschigem Flysch und Zementmergel nur mehr alpine Abenteuerstorys für spätere Zeiten im Tal.

• •

Wanderparkplatz Unteres Jenbachtal, Wendelsteinstraße 56, 83075 Bad Feilnbach (Nähe Gasthaus Millau)

Moor, Moos und Libellen

61 *Die Nicklheimer „Fuizn" bei Raubling*

Abschalten, entspannen, mal gründlich nachdenken oder einfach nur weg vom Alltagsstress – dabei soll ja bekanntlich ein Gang in die Natur helfen. Doch einfach auf gut Glück loszumarschieren ist riskant, auf Almen, an Stränden oder beim angesagten Waldbaden trifft man gerne auf so manchen, der dieselbe Idee hatte. Den sichersten Weg, Frust, Stress und Ballast in der Natur hinter sich zu lassen, bietet eine Wanderung durchs Moor. Das schluckt so gut wie alles und hat im Bairischen den gemütlichen Namen Fuizn oder Filze. Für die Glücks- oder Entspannungssucher in und um Rosenheim gibt es da einen unschlagbaren Tipp: Die Nicklheimer Fuizn sind ein Erbe des verschwundenen Rosenheimer Sees, rund 10.000 Jahre alt und ehemals ein ausgedehntes Hochmoor, das unter seiner speziellen Flora eine Torfschicht von rund acht Metern gebildet hatte. Seit 2006 wird es nach Jahrhunderten teils industriellen Torfabbaus renaturiert, auf einer Restfläche von rund 600 Hektar und mit erstaunlich raschem Erfolg. Man kann quasi zuschauen, wie sich eine Urlandschaft erinnert und aus Vergangenheit und Gegenwart etwas faszinierend Neues macht. Heute können wir auf vielen schmalen Pfaden und Bohlenwegen stundenlang wie versunken (bildlich!) durch eine Natur wandern, die Augen und Ohren öffnet. So wird das Gehen im Moor zu einer echten Kraftquelle.

Was auffällt, ist die Ruhe, nur unterbrochen von Rufen der Wasservögel, Insektengeraschel und dem Wind in Birken und Kiefern. Der Himmel spiegelt sich in kleinen und großen Tümpeln und Teichen, Libellen tanzen, Ameisen ziehen ihre Straßen, und der fleischfressende Sonnentau wartet geduldig auf Beute. Das Torfmoos übernimmt langsam, aber sicher wieder die Herrschaft über das Moor, bis dahin sorgt zum Glück der Verein „D'Fuizler" dafür, dass mit Schienen, Loren und Geräten des Torfabbaus unsere Spuren noch eine Zeit lang zu sehen sein werden. Gedanken über Natur und Kultur gelingen auf der Aussichtsplattform am besten, übrigens auch im Winter.

· ·

Nicklheimer Fuizn
Parkmöglichkeit Panger Straße 30, 83064 Raubling/Nicklheim
ÖPNV: Bus 9579, Haltestelle Nicklheim

Spanferkel trifft Léchon

62 *Wie Bad Aiblings Fledermaus argentinisch wurde*

An das Café Fledermaus haben viele Aiblinger noch Jugenderinnerungen, die mit Tanzen, Livemusik und fehlendem Krawattenzwang zu tun haben. Bis in die 90er-Jahre war das eine der angesagten Adressen, die man Tanzcafés nannte. Doch irgendwann kamen die Discos, und die Livemusik wurde eine andere; in der Fledermaus spielt Musik aber auch heute noch eine Rolle, auch live, manchmal sogar tanzbar, wenn zum Beispiel Tango auf dem Programm steht. Das etwas versteckt in einem Garten gelegene Gasthaus wurde nämlich vor rund 20 Jahren von Argentinien erobert. Stellvertretend durch die argentinische Küche!

Seitdem wechseln die Aiblinger Spanferkel-Liebhaber schon mal zum Léchon asado. Das schwebt am wöchentlichen Grillabend für Stunden am Spieß über einer großen Feuerschale und verbreitet einen verlockenden Duft durch die umliegenden Straßen. Alternativ gibt es auch patagonisches Lamm; zum Grill sind es nur ein paar Schritte von der Terrasse in den Garten, hier sieht der Gast, was ihn später Gutes erwartet. Bis dahin helfen gegen den ersten Hunger die Empanadas, im Ofen gebacken und mit Füllungen, die ausnahmslos alle delikat sind! Wirtin Sabine Schmidt de Ducasse und ihr Sohn Pablo vertreten ihre Heimat Argentinien würdig und mit Überzeugung, der spanisch-argentinische Stammtisch weiß schließlich genau, warum er hier eine Heimat gefunden hat, im Nebenraum „El Quartito", Teilnahme aber „sólo con reservas!".

Sicher sind es die authentische Küche und die familiäre Atmosphäre, ganz bestimmt aber die auftretenden Künstler, wie die Gruppe „Milonga sin corte" oder „Juan Carlos Liendro", der Sänger und Flötist aus der sonnigen Provinz Salta. Tango-Abende werden natürlich auch geboten, sogar Workshops in Fileteado-Kunst, jener farbenfrohen Ornamentik, die man auf Bussen und Taxis in Buenos Aires sieht. Das Musikprogramm der Fledermaus ist öffentlich und für alle da, auch für Vegetarier. „Con reserva" empfiehlt sich trotzdem, die Plätze können knapp werden.

· ·

Zur Fledermaus, Kolbermoorer Straße 43, 83043 Bad Aibling
https://zurfledermaus.de
ÖPNV: Bus 40, Haltestelle Bad Aibling, Klinik Wendelstein

Rokoko auf dem Lande

63 *Die „Kleine Wieskirche" in Berbling*

Die Dorfkirche von Berbling, südlich von Bad Aibling, ist längst kein Geheimtipp mehr. Doch ganz gleich, ob Besucher zum ersten oder wiederholten Mal die schwere Eichentür öffnen, der Alltag fällt in diesem Moment von ihnen ab, das kann man sehen! Ein paar Schritte aus dem Eingangsdämmerlicht nach vorne, und man steht in einem lichten, hohen Raum, in dem die Deckenbilder zu schweben scheinen und tatsächlich so etwas wie Heiterkeit vorherrscht. Nicht umsonst wird dieses Rokoko-Juwel „Die kleine Wies" genannt, auch wenn sie nicht von so berühmten Barock-Baumeistern wie den Gebrüdern Zimmermann erbaut wurde. Doch immerhin war es einer aus der nicht minder berühmten Dientzenhofer-Familie, der die Baupläne geliefert haben soll.

Von 1751 bis 1756 dauerte der Bau der Berblinger Heilig-Kreuz-Kirche, die Details von Grundriss, Wandschwung und Ausstattung liest man am besten später im Kirchenführer nach, es wäre sonst schade um die besondere Stimmung. Die hat sicher auch der Maler Wilhelm Leibl gespürt, als er 1881 hier sein berühmtes Bild von den „Drei Frauen in der Kirche" gemalt hat. Auch sie sitzen – drei Generationen in bäuerlicher Tracht – in ganz eigener Harmonie nebeneinander. Für den Besucher sichtbar, denn das Bild hängt als Kopie in der Kirche, gleich rechts vom Eingang. Das Original hat sich die Hamburger Kunsthalle gesichert.

Die Hamburger haben das Bild, die Rosenheimer haben das Glück, Berbling vor der Tür zu haben; und das sieht fast noch so aus wie zu Leibls Zeiten. Ein paar stolze Höfe, zwei, drei uralte Häuser und Bauerngärten, alles umgeben von Obstwiesen, kaum ein Neubau! Und nicht zu vergessen der gemeinsam mit der Kirche ummauerte Friedhof mit seinen schmiedeeisernen Grabkreuzen. An der Kirchen-Südwand ist eine Steintafel eingelassen, auf der dem 1837 gestorbenen Jäger Johann Nepomuk Leitner eine „Heitere Auferstehung" gewünscht wird. Zur aktuellen Berblinger Heiterkeit fehlt nur, dass sich irgendwann für den Biergarten wieder ein Wirt findet!

○ **Heilig-Kreuz-Kirche Berbling, Heinrichsdorfer Straße 18, 83043 Bad Aibling**
○ **ÖPNV: Bus 9580, Haltestelle Berbling**

Bauerngärten wie gemalt

64 *Dörfliche Zeitreise durchs uralte Wiechs*

Von Litzldorf, Kutterling, Bad Feilnbach und Au erstrecken sich als grüne Ebene Wiesen und Felder in sanfter Neigung nach Norden, gefällig unterteilt von Obstbaum-Alleen, die zur Erntezeit den berühmten Feilnbacher Apfelmarkt versorgen. Mittendrin und abseits vom Verkehr liegt seit Urzeiten das Dorf Wiechs (lat. vicus = Dorf), älter als alle Ortschaften ringsum, denn schon seit dem Jahr 765 gibt es hier eine Siedlung und eine Kirche. Heute besteht Wiechs vor allem aus viel Ruhe, auf den schmalen Sträßchen zwischen seinen stolzen und gepflegten Höfen können Kinder sorglos spielen, den Traktor vom Nachbarn kennen sie, und den Durchgangsverkehr bestreiten nur ein paar Radler.

Bis vor zehn Jahren gab es unweit der Kirche noch einen Wirt, da war die Idylle quasi vollkommen. Besucher kommen trotzdem, die äußerlich unscheinbare Kirche St. Laurentius ist nämlich bei Rokoko-Kennern für ihre meisterhaften Stuckarbeiten bekannt, die zum Großteil noch in ihrer ursprünglichen Farbgebung zu sehen sind. Für Freunde von Farben und Natur sind die prächtigen Bauerngärten eine Augenweide, die meisten sind ohne Zaun, und sicher ist keiner extra für Touristen hergerichtet. Diese Farben und das besondere Licht der Landschaft liebte auch der Maler Wilhelm Leibl (1844–1900), dem wir schon in Berbling begegnet sind und der sich im nahe gelegenen Kutterling ein altes Bauernhaus zum Sommersitz und Atelier eingerichtet hatte. Hier hatte er seine glücklichsten und produktivste Jahre, das zeigen viele seiner Bilder.

Wem jetzt als Wiechs-Ausflügler zum vollkommenen Glück noch eine gute Brotzeit fehlt, der wandert oder radelt einfach die zwei Kilometer bis zur Moosmühle. Hohe, alte Bäume spenden Schatten, Fischteiche werden von sprudelnden Fontänen durchlüftet, und von Ferne grüßt der Wendelstein. Tipp: Naturtrüber Apfelsaft, dazu das warme Forellenfilet mit Bauernbrot und frisch geriebenem Kren (Meerrettich), so wird die Moosmühle zum Platz für glückliche Genießer.

⬤ Wiechs, Ortsteil von 83075 Bad Feilnbach
⬤ ÖPNV: Bus 9578, Haltestelle Wiechs, Bad Feilnbach

Einen schönen Tag am Berg!

 65 *Mit der historischen Bahn auf den Wendelstein*

„Mit der Bahn" heißt in diesem Fall: mit der ältesten Bergbahn der bayerischen Alpen. Noch dazu mit einer, die sich per Zahnrad, elektrisch und CO_2-frei, steil nach oben schraubt. Wer jetzt abschätzig denkt „Genau wie die Zugspitzbahn!", der ahnt nicht, dass die Bahn auf den Wendelstein fast 20 Jahre älter ist. Eisenbahnfans wissen das natürlich, ein paar von ihnen steigen gerade mit glücklichen Gesichtern in der Talstation Brannenburg ein. Zusammen mit Wanderern, die sich offenbar freuen, gleich oben am Gipfel ihre Tour zu starten.

Alle Fahrgäste, gleich welcher Fraktion, genießen das vertrauenerweckende Geräusch der großen E-Motoren, das Geruckel der guten alten Technik inklusive Kurvenquietschen, und die Durchsage wünscht auf Bairisch „einen schönen Tag am Berg". Der Erbauer der 1910 begonnenen Bahn hieß Otto von Steinbeiß, passend für einen Unternehmer, dessen Arbeiter sich fast acht Kilometer durch harten Trias-Kalk nach oben sprengen mussten. Ihre Mühsal ahnt man, wenn nach der Baumgrenze die Felswände plötzlich ganz nah ans Fenster rücken und dann wieder

TIPP

An jedem ersten Sonntag im Monat gibt's Brunch. Ein Büfett wie ein Berg!

Almen – *„Mama, guck mal!"* – und der schräg gekippte Horizont vorbeiziehen. Im Tunnel vom Gipfelbahnhof ist dann erst mal die Sonne weg.

Nach kurzem Weg durch den Berg scheint sie wieder, draußen auf der geräumigen Terrasse mit dem grandiosen Blick nach Süden, wo die richtig hohen Berge stehen. Wir selbst sind nur auf 1724 Metern, doch der Blick übers Geländer hat es in sich. Für Schwindelfreie gibt's noch ein paar spezielle Aussichtspunkte, aber auch windgeschützte, sonnige Winkel, wo sich das Weißbier in Ruhe genießen lässt. Die Bergdohlen fliegen Kunststückchen Richtung Biertisch, und ringsum sind alle Sprachen und Dialekte zu hören. Möglich wäre jetzt noch ein Gang zum Gipfel, zur Kapelle oder zur Wendelstein-Höhle, doch der Hochzeitsgesellschaft zuzuschauen macht auch Spaß. Sie kam gerade von Bayrischzell, mit der Seilbahn. Wie langweilig!

◉ **Wendelsteinbahn, Sudelfeldstraße 106, 83098 Brannenburg**
www.wendelsteinbahn.de
◉ **ÖPNV: Meridian Rosenheim – Kufstein, Haltestelle Brannenburg; Wendelstein Ringlinie,**
Haltestelle Talstation

Schöner als im Heimatfilm

 Westlich von Rosenheim liegt das Goldene Tal

„Goldenes Tal?" Das klingt nach Heimatroman oder Kitschfilm, ist aber sehr real und für manche Rosenheimer immer wieder ein sommerliches Sehnsuchtsziel. Auch wenn das Tal im Landkreis Miesbach liegt, die paar Kilometer lohnen sich! Hier einen Tag zu verbringen, mit Familie und Kindern, oder auch allein mit einem Buch und einer tragbaren Liege, das hat mehr Erholungswert als eine Woche am Meer! Als Abschluss ist die Einkehr im Gasthaus „Zum Goldenen Tal" Pflicht, erstens haben wir hier geparkt und zweitens sind Biergarten und Küche genau so, wie sie sein sollen. Den Namen des Tals haben angeblich neidische Nachbarn erfunden, wegen der windgeschützten Lage, der guten Ernten und des Obsts in Hülle und Fülle. Und das seit über 1000 Jahren!

Noch länger hat die Leitzach gebraucht, um dieses idyllische Flusstal zu schaffen. Zwischen teils steilen Waldufern mäandert der kleine Fluss von einer Kiesbank zur nächsten Gumpe, oft flach genug, um die andere Seite zu erreichen, ringsum dichtes Grün und keine Straße weit und breit. Zugegeben, man muss auf schmalen Trampelpfaden gut zu Fuß sein, denn nur die sind der Zugang zu den glücklich machenden Orten. Die Talbewohner zwischen den Dörfern Holzolling und Naring haben sich im Jahr 2000 streitbar und erfolgreich gegen kommerzielle Staudammpläne gewehrt, seitdem halten sie wachsam zusammen, sogar über eine eigene Webseite. Die Naringer haben, wo es nötig war, sogar ein wenig renaturiert, und so erleben wir das Goldene Tal heute in einem glücklichen Urzustand.

Auch im Frühling lohnt sich die kleine Fahrt nach Westen, wenn die Obstbäume an den Wiesenhängen in voller Blüte stehen. Für den Wanderer ist es eine Lust, über Feldwege und kleine Straßen die umliegenden Weiler zu erkunden und dabei auf uralte Dorfkirchen zu stoßen, wie die sehenswerte Maria Hilf in Esterndorf. Richtig golden wird es dann im Tal, wenn der Herbst ringsum die Wälder zum Wander- und Schwammerlparadies einfärbt.

• •

Gasthaus Goldenes Tal, Im Goldenen Tal 19, 83629 Weyarn
www.goldenes-tal.de
ÖPNV: Meridian ab Rosenheim bis Bruckmühl-Bahnhof, dann Bus 9582,
Haltestelle Naring Gasthaus

Regional nach der Saison

67 *Alchemilla Hofladen in Bad Feilnbach*

Hofläden gibt es heute überall, und jeder ist zum Glück ein bissl anders. So wie die Alchemilla in Bad Feilnbach, schon weil er einer der ersten seiner Art ist. Agnes Pfeiffenthaler gründete ihn im Juli 2007, sein Name führt uns ins Pflanzenreich, denn Alchemilla ist die botanische Bezeichnung des Frauenmantels. Dessen vielfältige Heilwirkung, speziell in der Frauenheilkunde, kannten schon die alten Griechen. Der Wirtstochter aus Bad Feilnbach gefiel der Name, hatte sie doch schon immer ein Faible für gesunde Kräuter und nebenbei für alles, was Frauen stark macht.

„Die Mama war zuerst sehr skeptisch", erzählt Agnes: „Was magst denn du mit einem Laden?" Schließlich war da eine gut gehende Wirtschaft mit Familientradition, doch die Tochter hatte so ihre Vorstellungen. Die ehemalige eigene Metzgerei stand leer, warum nicht gerade in diesen Räumen eine neue Tradition begründen? Das ist ihr gelungen, die Alchemilla und ihre Macherin sind heute bereits Legende! Zwei Bücher hat sie geschrieben und erfolgreich selbst verlegt, sie organisiert alternative Märkte in der Region, auf denen Menschen wie sie vieles präsentieren, was auch ihr Laden anbietet und ihre Bücher propagieren: Feines, Gesundes, Selbstgemachtes, Traditionelles – und vieles auch nur dann, wenn es gerade Saison hat.

TIPP Im Oktober tobt auf den Wiesen um Bad Feilnbach Bayerns größter Apfelmarkt. Mit mehr als nur Äpfeln!

So gibt es das Rosenöl aus dem eigenen Garten eben nur in Kleinmengen, die naturreinen Säfte nur dann, wenn das jeweilige Obst reif ist, ihre Marmeladen und Liköre dagegen übers ganze Jahr. Und sonst? Keramik aus regionalen Töpfereien, wunderschöne Handarbeiten einer „alten Dame aus der Nachbarschaft", Moor-Pflegeprodukte vom örtlichen Torfwerk, von heimischen Bäuerinnen selbst geerntete Kräutertees – und alles so grüabig (behaglich) hergerichtet, dass es beim schnellen „Mal schauen" selten bleibt. Das regional Gesunde hat inzwischen auch auf die Speisekarte beim „Pfeiffenthaler" abgefärbt. Die Agnes ist schließlich auch noch Wirtin.

Alchemilla Hofladen, Kufsteiner Straße 10, 83075 Bad Feilnbach
www.alchemilla-hofladen.de
ÖPNV: Bus 9578, 9580, Haltestelle Pfeiffenthaler

Kraftort kleiner Madron

68 *Wallfahren und Wandern auf dem Petersberg*

In alten Zeiten war es für die Bewohner des Inntals zwischen Rosenheim und Kufstein üblich, wenigstens einmal im Leben auf den kleinen Madron zu pilgern. Im Mittelalter stand dort das Benediktinerkloster Sankt Peter am Madron, von dem heute nur noch die Kirche St. Peter übrig ist, eine der ältesten im Inntal und immer noch ein Wallfahrtsort. Die Grafen von Falkenstein (siehe Seite 146) hatten das Kloster gestiftet, 100 Meter unterhalb des Madron-Gipfels; daher der Ortsname, der erst im 20. Jahrhundert zum Petersberg wurde. Der schlichte Kirchturm hoch oben im Bergwald leuchtet jedem weiß entgegen, der im Inntal nach Süden unterwegs ist. Wer ihn zum ersten Mal von Weitem sieht, denkt sich unwillkürlich: „Da möchte ich mal rauf!"

Der einstündige Weg vom Wanderparkplatz in Flintsbach bis hinauf auf 847 Meter ist heute vor allem bei Wanderern beliebt. Freilich schauen auch sie in die schlichte romanische Kirche hinein, zünden vielleicht eine Kerze an, doch ganz sicher ist es wohl das Gasthaus, das sie hier hinaufzieht. Und natürlich der einmalige Panoramablick ins Inntal und auf die Nachbarberge! Auf dem freien Platz zwischen Kirche und Gasthaus haben Archäologen neben einem Klosterfriedhof auch keltische Siedlungsspuren entdeckt. Der Petersberg ist uraltes Kulturland und ein spiritueller Kraftplatz noch dazu; auch für Pilger von heute. Für die hat der Rosenheimer Bildhauer Josef Hamberger 13 Steinpfeiler aufgestellt, mit bemerkenswerten Bronzereliefs. Seitdem ist der Wanderweg auch ein „Apostelweg".

TIPP Zu viele „Pilger" auf der Terrasse? Dann besser in die Probsteistube mit der schönen Zirbelholzdecke.

An der Stelle des Klosters steht heute der schmucke Berggasthof der Familie Lohmann. Sie wohnt das ganze Jahr hier am Gipfel, und bei Gottesdiensten an hohen Feiertagen stellt sie den Mesner. An diesem Kraftort präsentiert er sich wieder mal in Reinkultur, der traditionelle altbayerische Zweiklang von Kirche und Wirtshaus. Auf dem Heimweg ins Tal spürt es jeder: Ich war an einem Glücksort.

> **Berggasthaus Petersberg**, Petersberg 2, 83126 Flintsbach am Inn
> www.berggasthaus-petersberg.de
> **ÖPNV:** Bus 9577, Haltestelle Flintsbach Rathaus

Mit Adrenalin oder ohne

69 *Zwei Wege führen zum Berggasthof Bichlersee*

Es gibt im Inntal einen Ort auf 1000 Metern Höhe, der schon glücklich macht, wenn man unterwegs zu ihm ist. Die Weisheit „Der Weg ist das Ziel" gilt in seinem Fall gleich doppelt, und einmal ist sogar reichlich Adrenalin mit im Spiel. Binnen Minuten oben am Ziel zu sein, solche Wege sind die Favoriten automobiler Bergstraßen-Junkies: Leute, die mit Lust die untersten Gänge nutzen, enge Haarnadelkurven lieben und sich erst bei drei Metern Breite und 15 Prozent Steigung richtig wohlfühlen. Die Nebenstraße zum Bichlersee, ein Abzweig der Straße von Niederaudorf zum Tatzelwurm, hat es in sich, Leitplanken gibt es keine, dafür zwei enge Hofdurchfahrten und ein paar atemberaubende Blicke in die Tiefe. Nach drei Kilometern, nicht ohne Gegenverkehr, steigen manche Beifahrer 500 Meter weiter oben mit weichen Knien aus, doch angesichts des grandiosen Panoramablicks ins Inntal ist alles schnell vergessen.

Der Berggasthof Bichlersee und seine große Terrasse sind damit auch ein Ziel für den Spontanausflug, einfach mal heraus aus dem Tal. Die Stille hier oben ist gut gegen Stress, außer einem Bussard, vielen Grillen und ein paar Kuhglocken ist nichts zu hören. Neben dem uralten Regau-Hof steht stolz der deutlich neuere Berggasthof von Wirtin Margarethe Berger. Bei ihr buchen auch manche Rosenheimer einen gemütlichen Wanderurlaub, am liebsten mit Balkonblick aufs Tiroler Kaisergebirge.

Der zweite Weg hier hinauf, wen wundert es, ist ein Wanderweg. Statt Adrenalin braucht es ein bissl Ausdauer beim Gehen, dafür wird aber richtig viel Naturgenuss geboten. Von der Talstraße zwischen Brannenburg und Oberaudorf geht ein Forstweg an der Ruine Kirnstein vorbei immer bergauf ins schattige Einbachtal, ideal für heiße Tage. Von der aufgelassenen Regaualm ist es nicht mehr weit bis zum kleinen idyllisch gelegenen Bichlersee, einem Bade- und Picknickplatz, an dem man gerne die Zeit vergisst. Die Sonne sinkt, und die Frage stellt sich: Hat der Berggasthof noch ein Zimmer frei? Fragen wir, ist ja nicht mehr weit.

• •

● Berggasthof Bichlersee, Regau 2, 83080 Oberaudorf
www.bichlersee.de

144

Alte Wächter im Inntal

 70 *Die Ruine Falkenstein bei Flintsbach*

Wanderer auf dem Weg zum Petersberg haben sie früher wenig beachtet und staunen heute darüber, wie die alten Mauern der Ruine Falkenstein aus dem dichten Baumbewuchs immer mehr ins Freie gelangen. Mit ihnen wird ein Teil jener Geschichte Südbayerns sichtbar, in der die Grafen von Falkenstein an der Mangfall, im Chiemgau, in Tirol und Teilen Niederösterreichs das Sagen hatten. In der Stauferzeit wachten ihre Burgen am Ausgang des Inntals, durch das damals wichtigste Einfallstor aus dem Süden kam praktisch keiner unentdeckt an der Burg Neubeuern und der großen Burganlage Falkenstein vorbei.

Nach ihr ist der berühmte Codex Falkensteinensis benannt. Graf Siboto von Falkenstein hat ihn 1166 vor dem Italienzug Kaiser Friedrichs I. als Testament begonnen und später als Verzeichnis seines Besitzes bis ins Jahr 1196 fortschreiben lassen. Der Codex ist das einzige erhaltene Dokument dieser Art aus dem Hochmittelalter, natürlich ohne Details über die Burganlage, das war schließlich Geheimwissen. So waren die Archäologen, die 2017 mit ihren Ausgrabungen begannen, auch auf Überraschungen gefasst. In den Resten des nördlichen Eckturms kam ein „mehrphasiger Backofen" ans Licht, und im Bereich des Torhauses sieht man ein uraltes Pflaster aus Fluss-Steinen, das ungewöhnlich gut erhalten ist.

TIPP Noch viel älter als die Burg: der Gletschergarten im Ortsteil Laar, sehenswert!

Das dürfen auch die Besucher der Anlage betreten; nach langer Zeit schleichenden Zerfalls haben sich der Landkreis Rosenheim und seine Umwelt-, Kultur- und Sozialstiftung der Burg Falkenstein angenommen. Engagierte und kundige Handwerker aus der Region haben mit den Archäologen die Mauerreste in Teilen rekonstruiert und gesichert. Für Besucher wurden Infotafeln aufgestellt, und an besonderen Punkten gibt es Sitzgelegenheiten. Den malerischen Blick übers Inntal sollte sich wirklich niemand entgehen lassen! Die Grafen haben gewiss nüchterner von ihren Zinnen herabgeschaut, aber ein bissl Burgenromantik darf schon sein.

● **Burg Falkenstein, Wanderparkplatz Astenweg, 83126 Flintsbach**
● **ÖPNV: Bus 9577, Haltestelle Flintsbach Rathaus**

Berberaffen unterm Kaiser

 Der Raritätenzoo in Ebbs

Die Tiroler sprechen vom „Kaiser", wenn sie ihr Kaisergebirge meinen, den Wilden genauso wie den Zahmen Kaiser. In unserem Fall ist es der Zahme, der sich als imponierende Wand von 2000 Metern im Süden von Ebbs aufbaut. Weit genug entfernt, um keinen Schatten zu werfen auf eine Idylle der besonderen Art. Seit 1991 gibt es an einem bewaldeten Hang östlich des Ortszentrums einen privaten Tiergarten, der es als „Raritätenzoo" zu einem beachtlichen Ruf gebracht hat. Nach schwierigen Anfängen und nach einem Besitzerwechsel 2007 blühte diese Arche als Heimat für fliegende, kriechende, kletternde oder schwimmende Exoten aus aller Welt sichtlich auf. Großtiere vermisst in Ebbs keiner, warum auch, wenn man am Eingang schon von frei fliegenden Aras begrüßt wird!

Marion Mayr hat mit ihrer Mannschaft hier eine Oase geschaffen, die nichts von der bedrückenden Tristesse so mancher Zoos hat. Auf diesem von Tiroler Bächen durchzogenen Gelände, wo Brücken über Koi-Teiche führen, sich um Bauernhof-Ställe Hühner, Pfauen, Hängebauchschweine und Zwergkaninchen tummeln, atmet eigentlich alles Wohlbefinden.

TIPP *Achtung bei den halbstarken Berberaffen! Die mögen Handys und Sonnenbrillen.*

Neugierig sind die Fischotter, eher entspannt die Kängurus und Mähnenwölfe, Riesenschildkröten sowieso, mit sich beschäftigt die Pelikane und Flamingos, und richtig munter geht es bei der Großfamilie der Berberaffen zu, die in ihrem großzügigen Gehege jährlich den Tiroler Nachwuchs zur Welt bringen. Hierhin zieht es wie magnetisch alle Kinder, bringt also Zeit mit, liebe Eltern, und denkt am Eingang an die Futtertüten!

Über 80 Tierarten sind eh zu viel für einen Besuch, deshalb besser einen Jahresbesuch einplanen, denn immer gibt es in Ebbs etwas überraschend Neues zu bestaunen. Marion Mayr investiert viel in ihren geliebten Zoo, darum der Hinweis an die eventuell skeptischen Großeltern, die im Zoo-Café warten: In Ebbs redet die Wissenschaft mit, alles ist professionell! Tierschützer müssen sich nicht sorgen.

Raritätenzoo Ebbs, Kruckweg 20, A-6341 Ebbs
www.raritaetenzoo.at

Kraftort mit Geschichte

72   *Die Blaue Quelle und ihr historisches Gasthaus*

Nur am rechten Inn-Ufer schiebt sich Tirol noch rund zehn Kilometer Richtung Rosenheim, bis zum alten Grenzübergang Windshausen. Hier wurde in früheren Jahrhunderten zwischen den Bayern und Tirolern erbittert gefochten, heute ist die Grenze zum Glück kein Thema mehr; die Tiroler fahren nach Rosenheim zum Shopping und die Rosenheimer zu den Konzerten ins Festspielhaus nach Erl. Aus diesem Dorf, drei Kilometer hinter der vergessenen Grenze, kam im 17. Jahrhundert übrigens einer der bedeutendsten Rosenheimer Bürger: Johann Rieder (1633–1715), erster Hof- und Leib-Schiffsmeister des Kurfürstentums Bayern, Ratsherr, Bürgermeister und Wohltäter. Sein Erler Geburtshaus war der Weiler „Mühlgraben", immer schon bekannt als Mühle, Säge, Bäckerei und seit rund 200 Jahren auch als Brau- und Gasthaus. „Zur Blauen Quelle" heißt es heute, und das hat seinen Grund.

Wer dort einkehrt, zum Beispiel wegen seiner zwei Gault&Millau-Hauben, lässt es sich selten entgehen, nach dem Festmahl einen Spaziergang zur Quelle zu unternehmen. Es sind ja auch nur wenige Schritte bis zu diesem kleinen Naturwunder, einem zum Gasthaus gehörenden Quellsee, dessen Grund an manchen Stellen so türkis-blau schillert, dass man augenblicklich verzaubert ist. Ein Kraftplatz, sagen viele, gespeist aus einem großen Karst-See unter dem Gasthaus, was aber nur eine Vermutung ist. Auf jeden Fall wirkt dieses Ensemble von Natur und Kultur zutiefst entspannend! Der Bach mündet nach einem knappen Kilometer in den Inn. Auf dem Weg dorthin gibt es einen Brunnen, an dem sich manche Gäste mit dem absolut reinen Wasser als Mitbringsel versorgen.

Gastronomisches aus Kastelruth brachte die Wirtsfamilie Scherlin mit, als sie sich im Kriegsjahr 1943 bei der Südtiroler Option für den Norden entschied und die Blaue Quelle übernahm. Zu ihren Südtiroler Wochen kommen heute die Rosenheimer Liebhaber von Schlutzkrapfen, Weinsuppe und Schüttelbrot in Scharen; gute Dinge überwinden zum Glück immer wieder alle Grenzen.

◉ **Gasthof Blaue Quelle, Mühlgraben 52, A-6343 Erl**
www.blauequelle.at
◉ **ÖPNV: ab Kufstein Bahnhof Bus 4036, Haltestelle Erl Mühlgraben**

Eremitenglück am Berg

 Die Einsiedelei Kirchwald am Heuberg

Viele Monate war er schon unterwegs, zu Fuß von Rom über die Alpen, zurück in seine mährische Heimatstadt Iglau. Im Gepäck hatte der Tuchmachergeselle Michael Schöpfl ein Madonnenbild, das Geschenk eines Kardinals nach seiner Taufe im Petersdom. Der im Jahr 1644 frisch bekehrte Protestant fiel auf seiner Reise zu Mantua unter die Kriegswerber, entfloh, wurde gefasst, zum Galgen geführt und legte in höchster Not das Gelübde ab, bei Rettung ein gottgefälliges Leben hinter Klostermauern zu führen. Die List eines Dominikaners verhalf ihm zur Flucht, doch auf seinem weiteren Weg wollte ihn kein Kloster aufnehmen. So kam er schließlich ins Inntal, wo er bei Nußdorf den nächstbesten Berg bestieg und in einer Felsenhöhle mit nahe gelegener Quelle sein Leben als Eremit begann.

Am Kirchwald hieß der versteckte Platz, hier kamen die Bergbauern auf ihrem Kirchgang vorbei, und so war der Einsiedler bald kein Fremder mehr. Weil seiner Quelle Wunderdinge nachgesagt wurden, begann früh eine Wallfahrt bis weit über das Inntal hinaus. Bruder Michael baute sich eine einfache Holzhütte, sein Nachfolger legte 1670 den Grundstein für eine kleine Kirche aus Stein, und 1720 erstand in ihren Grundzügen die heutige Kirche. Finanziert hat sie ein wohlhabender Nußdorfer, einer der vielen nachfolgenden Eremiten, zu denen die Kinder aus dem Inntal gingen, um lesen, schreiben und rechnen zu lernen.

TIPP *Wer den ganzen Tag Zeit hat, geht den Weg weiter bergauf bis zur Deindlalm auf 1050 Metern. Lohnend!*

Mit der Stille war es da längst vorbei, der Chiemseer Bischof hatte den Kirchwald offiziell konsekriert, und die Wallfahrt blühte. Davon zeugen die vielen uralten Votivbilder. Michael Schöpfl hatte am Kirchwald viele Nachfolger, aktuell bewohnt die Klause Pater Damian. Der Respekt verbietet es, dass wir seine Telefonnummer verraten. An stillen Oktobertagen spürt der Wanderer zum Kirchwald noch etwas von der ursprünglichen Stimmung, doch kirchliche Feiertage sollte er meiden, dann treten hier gerne die Vereine auf und lassen ihre Fahnen wehen.

Kirchwald, in Nußdorf Wanderweg Richtung Heuberg
ÖPNV: Bus 9490, Haltestelle Nußdorf

Balkon über dem Inntal

 74 *Das Kranzhorn und seine zwei Gipfelkreuze*

Auf den Rosenheimer Hausbergen sind Gipfelkreuze die Regel, mit zwölf Metern ist das auf der Kampenwand sogar das höchste in den Bayerischen Alpen. Zwei Kreuze auf ein und demselben Gipfel sind dagegen nicht nur kurios, sondern die absolute Ausnahme. Direkt über den Gipfel des Kranzhorns verläuft am rechten Innufer seit 200 Jahren in 1365 Metern Höhe die Grenze zwischen Bayern und Tirol. Irgendwann, so um 1900 herum, wünschte sich jede Seite ihr eigenes Kreuz. „Unseres ist aus Holz", weiß die Wirtin der Kranzhorn-Alm, „wegen der Tiroler Naturverbundenheit!" Das bayerische dagegen ist aus Metall, doch ganz gleich, über welchen Weg der Wanderer am binationalen Gipfel ankommt, er entdeckt immer beide Kreuze gleichzeitig, einfach weil sie dicht beieinanderstehen. „Und vorher müssen alle an unserer Alm vorbei!", freut sich die Alm-Wirtin Alexandra über diese günstige Konstellation, als hätten Touristiker sie erdacht. Die jonglieren ja gerne mit dem Begriff „grenzenlos", hier um das Kranzhorn herum würde das gut passen. Die kurzen oder langen, die steilen oder bequemen Touren, alle kann man so legen, dass dabei wenigstens einmal die Grenze überschritten wird; mit dem schönen Gefühl, dass dies zum Glück nichts mehr bedeutet. Wer das in Ruhe auskosten will, sollte für länger Quartier beim Moosbauer am Erlerberg nehmen. Dort liegt die traumhaft ruhige Bergwelt direkt vor der Tür.

TIPP *Der Moosbauer ist nach vielen Kurven auch mit dem Auto zu erreichen. Almbrotzeit „drive in".*

Vom Gipfel ins Inntal fällt der Blick ins Bodenlose, wie von einem Balkon; für Schwindelfreie und bei Bergwetter als Panorama grandios! Um die kleine Kranzhorn-Kapelle, ein paar Meter davor, wird eine Geschichte erzählt: Während der „Hitlerei" hat man die Heiligenfiguren über den Hang brutal in die Tiefe geworfen, später wurde der heilige Josef unbeschadet wiedergefunden und vom Hüttenwirt der Kranzalm wieder an seinen Platz gestellt. Kranzhorn kommt übrigens von „Khrants", tirolerisch für Wacholder, und nicht etwa von Grenze.

▶ **Kranzhorn, Aufstieg z. B. ab Wanderparkplatz Windshausen,**
Auf- und Abstieg 4,5 Stunden und 850 Höhenmeter
▶ **ÖPNV: Bus 9490, Haltestelle Windshausen**

Schon ganz früh elektrisch

 75 *Wasserkraft am Nußdorfer Mühlbach*

Wasser hat keine Balken, heißt es, doch der Mühlbach in Nußdorf hat sich mit ihnen arrangiert. Ob nun aus Holz oder Beton, er lässt sich von ihnen um Kurven leiten, über Stufen fallen, unter Häusern hindurchzwängen und sogar zum Spielen mit spaßigen Figuren verleiten. Mitten durch den Ort schäumt und schiebt er sich kanalisiert dahin, eifrig auf der Suche nach Arbeit. So kann Wasserkraft also auch gehen, denkt sich der Zuschauer und lauscht den spannenden Geschichten, die Heimatpflegerin Michaela gerade ihrer Touristengruppe erzählt. Für die Nußdorfer war es demnach ein Glück, seit Jahrhunderten einen so willigen und beständigen Arbeiter im Ort zu haben. Heute ist der Mühlbach eine Attraktion für Touristen, die überrascht sind, wenn sie von Michaela hören, was hier früher los war.

Am knapp einen Kilometer langen Bach drehten sich noch bis vor 120 Jahren 29 Wasserräder – für drei Getreidemühlen, zwei Ölmühlen, zwei Gipsmühlen, fünf Sägewerke, zwei Dreschtennen, zwei Schmieden und eine Gerberei. Beim Untermüller gab es sogar Getreidemühle, Ölmühle und Sägewerk zugleich und noch Kapazität für eines der ersten E-Werke Bayerns. Dem verdanken die Nußdorfer, dass sie schon 1894 eine elektrische Beleuchtung hatten. „Ein frühes Gewerbegebiet also", denkt sich der Tourist, „mitten im Dorf, das braucht doch zum Glück heute niemand mehr!" Wie die Bewohner des 1230 Jahre alten Ortes damals darüber dachten, ist eine andere Frage.

TIPP *Der Schneiderwirt hat den schönsten Biergarten weit und breit! Leicht zu finden, jeder kennt ihn.*

Heute sind die Nußdorfer stolz auf ihren Mühlbach, in der Pflege der Anlage sehen sie eine selbstverständliche Gemeinschaftsaufgabe. Und wenn es die Besucher und Gäste glücklich macht, dann setzt man halt eine kleine hölzerne Waschfrau auf einem Balken über den Bach, ein dankbares Fotomotiv, das gute Laune macht. Passiert ist übrigens am offenen, schnell fließenden Bach schon lange nichts mehr, den Nußdorfern wird die Vorsicht schon als Kind beigebracht.

⊙ Nußdorfer Mühlbach, A 93, Abfahrt Brannenburg, St. 2359 nach Nußdorf, Parkmöglichkeit Hauptstraße 8, Schneiderwirt
⊙ ÖPNV: Bus 9490, Haltestelle Nußdorf

Traumblick nach Westen

76 *Auf der Wagneralm im Gebiet der Hochries*

Am Westhang des Feichteck, unterhalb der Auerwand, liegt die Wagneralm auf 1050 Metern Höhe. Von dort oben schaut man über die Gipfel des Inntals Richtung Wendelstein und Tölzer Berge, manchmal auch bis zur Zugspitze. Wer mit den heimischen Wanderern ins Reden kommt, dem wird genau aufgezählt, was der Wagner-Bauer sonst noch an großen und kleinen Gipfeln hier täglich vor Augen hat: Kranzhorn, Brünstein, Wildbarren, Großer Traithen, Kleiner Traithen, Voglsang, Rotwand, Heuberg und Kitzstein. Doch nur wenige Stammgäste wissen, dass über 1000 Kilometer weiter im Westen noch ein anderer Teil der Wagner'schen Familiengeschichte spielt. Ganz ohne Berge.

Almbauern wie die Wagners, seit 1737 am Samerberg urkundlich erwähnt, sind eigentlich der Inbegriff von Sesshaftigkeit. Doch da gab es mal einen Michael Wagner, der 30 Jahre lang als Zimmermann auf der Walz durch das Europa der Französischen Revolution zog. Aus Wien, Amsterdam, Köln, Straßburg, Bern, Zürich und Genf schrieb er regelmäßig Briefe nach Hause. Zuletzt von der Insel Ré bei La Rochelle, wo er sich 1803 endgültig niedergelassen hatte. Die Originalbriefe in gestochener Kanzleischrift sind gut verwahrt, manchmal aber zeigt der Georg Wagner ein paar Abschriften, wenn ein Gast Glück hat und der Georg ihn mag. Dann erzählt er, dass es Wagners in Frankreich gibt, die schon ein paarmal auf der Alm waren, nachdem sich die Verwandtschaft vor Jahrzehnten wiedergefunden hatte.

Die Wagneralm ist für viele Rosenheimer ein Glücksort, weil der Weg zu ihr schön und kurz zugleich ist. Gerade noch im Abendgedränge auf der Salzburger Autobahn, gleich in Achenmühle die flotten Kurven hinauf zum Hochtal Samerberg, und schon ist es vom Waldparkplatz nur noch eine halbe Stunde, und nicht mal steil! Auf der Terrasse dann ein grandioser Sonnenuntergang, und wenn's gerade Freitag nach sechs ist, duftet bereits der Grill. Die Spezln sind da, einer spielt die Ziach, alles passt! Da wäre wohl auch der Michael daheim geblieben.

· ·

◗ Wagneralm, Ried im Winkl 2, 83122 Samberberg
www.wagneralm.de

Baggern als Glücksfall

 77 *Der Hochstraßer See war mal eine Kiesgrube*

Das kleine Wochenendglück am Baggersee bringt zwar wenig Statusgewinn, doch manchen Zeitgenossen ist es mehr wert als eine Woche unter Palmen. Besonders, wenn der Karibik-Ersatz nahe genug ist für einen spontanen Ausflug in Fahrraddistanz. Im Rosenheimer Süden ist das Angebot groß, der Hochstraßer See ist dabei ein Favorit und auf 18 Hektar Fläche mit fantastischem Wasser ein echtes Paradies. Entstanden ist er aus einem Kieslieferanten für den Beton der „Reichsautobahn" Richtung Salzburg. Die hört man noch ein wenig, aber nur in Zeiten, wenn die Bäume des Inn-Auwaldes gerade mal nicht belaubt sind.

Der Inn ist also ganz in der Nähe, genau wie seine Autobahnbrücke. Doch von beiden ist nichts zu sehen und kaum etwas zu hören, der Auwald ist zum Glück dicht genug, und der Blick nach Süden auf die Chiemgauer Berge bleibt trotzdem frei. Das kühle Gebirgswasser des Inn sorgt von jeher für eine besondere Wasserqualität, und das geschieht über einen effektiven Grundwasseraustausch. Angler schwärmen von Aalen und Barschen, kapitalen Hechten und Karpfen, und Schwimmer sieht man schon in aller Früh mit den Libellen ihre Bahnen ziehen. Für Badegäste und Kinder gibt es eine Liegewiese mit Strand, und wer es lieber versteckt mag, sucht sich auf dem schmalen Waldweg rund um den See eine der vielen kleinen Buchten. Abseits und ganz für sich können das traumhafte Tage sein, mitten in der Natur.

TIPP *Ab Oktober bietet die Alm in der Racletterie kulinarisch Verspieltes am Kachelofen.*

Wer dann genug Wildnis getankt hat, braucht nicht weit zurück in die Zivilisation, in dem Fall bis zum Biergarten der Hochstraßer Alm, einfach und ohne großen Schnickschnack, Bänke und Tische unter Kastanien, alles, wie es sich gehört. Aus dieser Idylle wollten vor Jahren Investoren einen Beachclub mit Open-Air-Disco machen, Streit mit den Behörden war die Folge, der Abriss stand im Raum. Heute ist wieder alles gut, die „Kneipe mit Herz" hat neue Stammkunden, die sogar im Winter zu richtig guten Musikevents kommen.

● **Hochstraßer See, Hochstraßer Alm 2, 83101 Rohrdorf**
www.hochstrassersee.eu

Leben in einem Denkmal

 78 *Der Marktplatz Neubeuern als geschütztes Ensemble*

Zwischen Salzburger und Rosenheimer Tor wird in Neubeuern gerne gefeiert, wie zum Beispiel beim Trachten- und Handwerkermarkt im Mai. Bis zum nächsten Fest ist der viel gerühmte historische Marktplatz aber nicht ausgestorben wie ein Museumsdorf, sondern voller Leben! Der überschaubare, im Grundriss leicht herzförmige und nach Süden geneigte Platz mit Brunnen, Kirche und den vielen wunderschönen Fassaden ist ein ungewöhnlicher Glücksfall. Für die Besucher wie für die Neubeurer mit der Anschrift Marktplatz.

Früher war die Siedlung oberhalb des Inns eingezwängt zwischen Burgberg und einem Felsriegel, damit hatten die Neubeurer wehrhaften Schutz und die Sicht auf alles, was sich im Flusstal tat. Dort unten am Ufer war das Reich der Schiffsbauer. Neubeurer Plätten waren als die besten ihrer Art von allen Inn-Schiffern heiß begehrt. Heute zeigen Malereien an den Fassaden, wie Fluss-Schifffahrt in alten Zeiten vor sich ging. Aus alten Zeiten stammen sie allerdings nicht, auch wenn sie zur Wirkung des auffälligen Ensembles viel beitragen. Die Erklärung ist einfach. In der Zeit des Historismus hat der geniale Architekt Gabriel von Seidel nicht nur den Mittelbau der Burg aus der Stauferzeit so umgebaut, dass sie seitdem Schloss Neubeuern heißt, auch der historische Ortskern hatte es ihm angetan.

TIPP Bester Blick auf den Markt: bei Klein & Fein, Marktplatz 3. Kaffeegenuss und spaßiger Wohn-Nippes!

Seinem Einfluss war es zu verdanken, dass der sich heute so prachtvoll präsentiert. Das Schloss war Anfang des 20. Jahrhunderts Treffpunkt von Adel, Kunst und Politik. In den Gästebüchern der „Neubeurer Wochen" stehen Namen wie Lenbach, Hofmannsthal, Harry Graf Kessler und andere. 1925 wurde im Schloss ein Internat eröffnet, angeregt durch Kurt Hahn, den Gründer von Salem. Heute ist der Marktplatz voll von bürgerlichem Leben, von der Apotheke über Handwerker, Ärzte, Friseur, Bäcker, Cafés bis zur Buchhandlung ist zum Glück alles da, was man im schönsten Dorf Deutschlands (Auszeichnung 1981) so braucht.

○ Marktplatz Neubeuern, 83115 Neubeuern
A 8, Abfahrt Rosenheim, über Raubling, Kirchdorf und Innbrücke
○ ÖPNV: Bus 9490, Haltestelle Neubeuern

Träumen in Bäumen

79 *Ferien-Wohnen im Samerberger Baumhaus*

„Da haben wir als Kinder schon gerne gespielt!", erinnert sich Katharina Riedl, Bäuerin vom Talerhof in Steinkirchen, ganz in der Nähe von St. Peter, einer der am schönsten gelegenen Dorfkirchen Bayerns. Vom Hof ist es nur ein kurzer Weg über Wiesen hin zum Waldrand, wo man an einer steilen Hangkante zwischen hohen Buchen haltmacht und nur noch staunen kann: Der Panoramablick vom Samerberg weit hinaus ins Rosenheimer Land ist unvergleichlich, und mieten kann man ihn auch! Als privaten Rundumblick, bei Tag und bei Nacht.

Die Idee hatte Katharinas älteste Tochter, die gerade eine Facharbeit über Baumhäuser schrieb und danach meinte: „Das wäre doch was für uns!" Der Familienrat des Riedl-Demeter-Hofes entschied, dass ein Baumhaus-Hotel gerade an diesem Platz ein gutes zweites Standbein sein könnte. Doch die Genehmigung dauerte, zu viele Behörden wollten mitreden. Erst als das Holztechnikum der FH Rosenheim aus der Sache ein Forschungsprojekt machte, war der Weg frei, auch wenn von den geplanten drei Häusern nur eines übrig blieb. Das hat jetzt allerdings einen Ruf als Glücksort, den sich die Riedls nie hätten träumen lassen!

TIPP *Unbedingt die Kirche St. Peter besuchen: einst gotisch, ab 1750 barock, heute Altbayern pur!*

Etliche Meter über dem Boden, ganz aus naturbelassenem Massivholz, steht ein Haus mitten im grünen Buchenlaub. Über die Wendeltreppe betritt man eine andere Welt, fester Boden zwar, doch zugleich schwebend wie bei Peter Pan, denn das Baumhaus steht auf Stelzen, versteckt unter der umlaufenden Terrasse. An diese abgehobene Perspektive gewöhnt man sich schnell, denn ringsum ist nur Licht und Luft und Baumesrauschen. Im Inneren ein Sicht-Dachstuhl mit Galerie, lauter natürliche Stoffe und Farben und viele Fenster. Voller Ferienhaus-Komfort, doch statt TV gibt's Bergkulisse und Sternenhimmel. Das Doppelbett lässt sich dafür auf die Terrasse verschieben, also „ein Glücksort mit Wirkung!", wie Katharina verrät, und Platz für Familienglück ist auch, bis zu sechs Personen!

Talerhof, Familie Riedl, Steinkirchen Tal 10, 83122 Samerberg
www.baumhaus-samerberg.de

Grandioser Blick von oben

 80 *Samerberg – Grainbacher Aussichtskapelle*

Wenige Schritte noch bis zur Kante des Wiesenhanges, hinter der bislang nur der blaue Himmel zu sehen ist. Doch dann klappt der Horizont auf, 200 Meter weiter unten breiten sich im 180-Grad-Rundumblick das Rosenheimer Land und der westliche Chiemgau vor uns aus, von Bad Aibling bis zum Chiemsee, und an klaren Tagen kann man den Lauf des Inn bis Wasserburg verfolgen. Der Simssee liegt da wie ein einsamer Fjord, und die vielen Kirchtürme, Weiler, Wälder und grünen Hügel sind oberbayerisches Siedlungs- und Bauernland wie aus dem Bilderbuch. Nicht nur die Liebhaber von Sonnenuntergängen mögen diesen Ort, auch tagsüber hat er eine besondere Magie.

Wer dort oben zufällig einen Kenner örtlicher Geologie trifft, bekommt zu hören, dass man vor 10.000 Jahren von hier auf den Rosenheimer See hätte schauen können. Im Gegensatz zum Chiemsee hat sich der aber frühzeitig Richtung Donau davongemacht, doch es braucht nicht viel Fantasie, um sich gerade hier an sein steinzeitliches Ufer zurückzuversetzen. Die kleine achteckige Kapelle stammt dagegen nur aus dem

TIPP Grainbachs Entenwirt ist Treffpunkt für 2-CV-Enten-Fahrer und zu Recht auch für Feinschmecker.

19. Jahrhundert, doch immerhin hat sie einen Altar aus dem 16. Jahrhundert mit einem gotischen Bild der 14 Nothelfer.

Die Bänke um die Kapelle sind beliebt, auch wegen des Schattens der Luitpold-Eiche, die vor 120 Jahren hier zum 70. Geburtstag des Prinzregenten Luitpold gepflanzt wurde. Dessen Nachfolger, der letzte bayerische König Ludwig III., soll von hier oben noch einen Abschiedsblick auf sein Reich geworfen haben. Das ist zwar nicht verbürgt, aber vorstellbar. Vorstellbar an so einem Ort wäre auch ein gewisser Rummel – das ist hier oben zum Glück aber ganz anders. Alleine ist man zwar nie, doch da gibt es wie gesagt diese besondere Magie. Und wem der Blick in die Ebene irgendwann reicht, der dreht sich einfach Richtung Chiemgauer Berge. Auch das schöne Samerberger Hochtal hat einen Blick verdient.

● Aussichtskapelle Grainbach, Untereck 13, 83122 Samerberg
● ÖPNV: Bus 9493, Haltestelle Grainbach, von dort 20 Minuten Fußweg

Bibliografische Informationen der Deutschen Nationalbibliothek
Die Deutsche Nationalbibliothek verzeichnet diese Publikation in der Deutschen Nationalbibliografie;
detaillierte bibliografische Daten sind im Internet über http://dnb.d-nb.de abrufbar.

© 2020 Droste Verlag GmbH, Düsseldorf
Konzeption/Satz: Droste Verlag, Düsseldorf
Einbandgestaltung und Illustrationen: Britta Rungwerth, Düsseldorf, unter Verwendung von Bildern von
© Fotolia.com: jd – photodesign.de; © iStock: Plociennik Robert
Fotos: Klaus Bovers, außer:
S 13: Hotel-Gasthof Hirzinger, Söllhuben; S. 15: Erwin Ringsgwandl; S. 17: Chiemgau-Thermen, Bad Endorf;
S. 53: M. Löwe; S. 61: Klepper-Museum, Rosenheim; S. 103: Ensemble e. V., Rosenheim

Druck und Bindung: LUC GmbH, Greven
ISBN 978-3-7700-2210-6

www.drosteverlag.de